南方电网能源发展研究院

中国能源供需报告

（2024年）

南方电网能源发展研究院有限责任公司　编著

中国电力出版社
CHINA ELECTRIC POWER PRESS

图书在版编目（CIP）数据

中国能源供需报告. 2024 年 / 南方电网能源发展研
究院有限责任公司编著. -- 北京：中国电力出版社，
2025. 3. -- ISBN 978-7-5198-9807-6

Ⅰ. F426.2

中国国家版本馆 CIP 数据核字第 2025G1C886 号

出版发行：中国电力出版社
地　　址：北京市东城区北京站西街 19 号（邮政编码 100005）
网　　址：http://www.cepp.sgcc.com.cn
责任编辑：岳　璐（010-63412339）
责任校对：黄　蓓　常燕昆
装帧设计：张俊霞
责任印制：石　雷

印　　刷：北京博海升彩色印刷有限公司
版　　次：2025 年 3 月第一版
印　　次：2025 年 3 月北京第一次印刷
开　　本：787 毫米×1092 毫米　16 开本
印　　张：11
字　　数：157 千字
印　　数：0001—1000 册
定　　价：59.00 元

前　言
PREFACE

　　在积极稳妥推进碳达峰、碳中和的背景下，我国能源电力行业在加快规划建设新型能源体系、构建新能源占比逐渐提高的新型电力系统的方向上奋力前行。南方电网能源发展研究院以习近平新时代中国特色社会主义思想为指导，在南方电网公司党组的正确领导下，立足具有行业影响力的世界一流能源智库，服务国家能源战略、服务能源电力行业、服务经济社会发展的行业智囊定位，围绕能源清洁低碳转型、新型电力系统建设以及企业创新发展等焦点议题，深入开展战略性、基础性、应用性研究，形成一批高质量研究成果，以年度报告形式集结成册，希望为党和政府科学决策、行业变革发展、相关研究人员提供智慧和力量。

　　2023 年全球经济增长显示出一定的韧性，但整体仍呈弱复苏态势。全球能源转型加速，化石能源消费比重持续下降，占比首次跌破 80%，达到 79.7%，同比下降 0.6 个百分点，全球能源结构向更加低碳、环保的方向转型。全球能源投资正在向清洁能源倾斜，清洁能源投资超过 1.7 万亿美元，同比增长超20%，而化石能源投资约为 1.1 万亿美元，同比下降 8.3%。全球可再生能源发电量占总发电量的比重达到 30.3%，创历史新高，高于 2022 年的 29.4%。其中，太阳能发电量同比增长 23.2%，风电发电量同比增长 9.8%，电力行业化石燃料使用量的永久性下降已成为全球趋势。

2023 年中国国内能源生产总量约 48.3 亿 t 标煤，能源生产继续保持增长势头，非化石能源产量占比继续提升，达到 21.2%。能源消费总量快速增长，2023 年我国能源消费总量 57.2 亿 t 标煤，增速创十年以来新高，受发电、高耗能行业及交通运输业的用能需求增长、进口回升等因素影响，能源消费总量增速高于能源生产总量增速 1.5 个百分点，能源自给率回落至 84.4%，但较"十三五"末上升了 3.2 个百分点，整体能源自给能力持续增强，能源供应可靠性有效提升。

《中国能源供需报告（2024 年）》对比分析了 2023 年全球、我国能源发展形势，从能源需求、供应、关键指标等多个维度重点分析总结了我国以及南方五省区的能源发展状况，对 2024 年和 2025 年我国能源供需情况进行了预测，研判了能源发展形势并给出相关发展建议。

《中国能源供需报告（2024 年）》是南方电网能源发展研究院有限责任公司年度系列专题研究报告之一，旨在为能源电力行业业内人士及其他关心能源发展的专家学者提供参考。

本报告在编写过程中，得到了南方电网公司计划与财务部、市场营销部、战略规划部等部门的悉心指导，在此表示最诚挚的谢意！

限于作者水平，报告中难免有疏漏及不足之处，恳请读者批评指正！

编 者

2024 年 10 月

目 录
CONTENTS

前言

第 1 章　全球宏观形势及能源供需概况 ················· 1

1.1　全球宏观经济形势 ································· 2

1.2　全球能源需求 ··································· 3

　1.2.1　能源消费总量和结构 ······················ 3

　1.2.2　分地区能源消费 ························· 4

　1.2.3　分品类能源消费 ························· 5

1.3　全球能源供应 ··································· 11

　1.3.1　煤炭 ······························· 12

　1.3.2　石油 ······························· 13

　1.3.3　天然气 ····························· 15

　1.3.4　可再生能源 ··························· 17

　1.3.5　氢能 ······························· 18

第 2 章　我国宏观经济形势及能源供需概况 ·············· 20

2.1　我国宏观经济形势 ······························· 21

2.2　我国能源需求 ································· 23

2.2.1 能源消费总量 ·· 23

2.2.2 能源消费结构 ·· 24

2.3 我国能源供应 ·· 25

2.3.1 能源生产总量 ·· 25

2.3.2 能源生产结构 ·· 25

2.4 我国能源供需总体情况 ·· 27

2.4.1 我国能源供需平衡情况 ···································· 27

2.4.2 "十四五"能源发展目标及完成情况 ··············· 27

2.5 我国能源关键指标分析 ·· 30

2.5.1 单位产值能耗 ·· 30

2.5.2 单位产值电耗 ·· 31

2.5.3 能源电力消费弹性系数 ···································· 32

2.5.4 对外依存度 ··· 32

第3章 我国分品类能源供需概况 ···························· 34

3.1 煤炭 ··· 35

3.1.1 煤炭需求 ·· 35

3.1.2 煤炭供应 ·· 37

3.1.3 煤炭供需影响因素 ··· 39

3.1.4 煤炭供需平衡情况 ··· 41

3.2 石油 ··· 44

3.2.1 石油需求 ·· 44

3.2.2 石油供应 ·· 47

3.2.3 石油供需影响因素 ··· 51

3.2.4 石油供需平衡情况 ··· 54

3.3 天然气 ·· 58

3.3.1 天然气需求 ··· 58

3.3.2 天然气供应 ··· 61

3.3.3　天然气供需影响因素 ·· 63

3.3.4　天然气供需平衡情况 ·· 66

3.4　电力 ··· 69

3.4.1　电力需求 ··· 69

3.4.2　电力供应 ··· 71

3.4.3　电力供需影响因素 ·· 81

3.4.4　电力供需平衡情况 ·· 83

第4章　南方五省区宏观经济形势及能源供需概况 ·············· 85

4.1　南方五省区宏观经济形势 ·· 86

4.2　南方五省区能源供需 ·· 89

4.2.1　南方五省区能源需求 ·· 89

4.2.2　南方五省区能源供应 ·· 91

4.2.3　南方五省区能源供需平衡情况 ··· 94

4.2.4　南方五省区能源关键指标 ··· 95

4.3　南方五省区煤炭供需 ·· 98

4.3.1　南方五省区煤炭需求 ·· 98

4.3.2　南方五省区煤炭供应 ··· 100

4.3.3　南方五省区煤炭供需平衡情况 ·· 102

4.4　南方五省区石油供需 ·· 103

4.4.1　南方五省区石油需求 ··· 103

4.4.2　南方五省区石油供给 ··· 105

4.4.3　南方五省区石油供需平衡情况 ·· 107

4.5　南方五省区天然气供需 ·· 108

4.5.1　南方五省区天然气需求 ·· 108

4.5.2　南方五省区天然气供给 ·· 110

4.5.3　南方五省区天然气供需平衡情况 ·· 112

4.6　南方五省区电力供需 ·· 113

4.6.1　南方五省区电力需求 ·· 113

4.6.2　南方五省区电力供应 ·· 115

4.6.3　南方五省区电力供需平衡情况 ·· 120

第 5 章　能源供需展望 ··· 122

5.1　能源供需影响因素 ·· 123

5.1.1　气候变化态势影响 ·· 123

5.1.2　宏观经济变化影响 ·· 125

5.1.3　国际政治局势影响 ·· 128

5.1.4　国内外能源政策影响 ··· 130

5.1.5　能源技术发展变革影响 ·· 132

5.2　2024—2025 年我国能源供需形势展望 ······························· 135

5.2.1　煤炭 ··· 136

5.2.2　石油 ··· 137

5.2.3　天然气 ·· 139

5.2.4　电力 ··· 141

第 6 章　我国能源行业发展趋势分析及建议 ····························· 143

6.1　发展趋势分析 ··· 144

6.2　应对策略及建议 ·· 148

6.2.1　推动能源高质量发展建议 ·· 148

6.2.2　提升能源安全保障能力建议 ··· 152

专题　我国能源行业新质生产力发展的影响 ····························· 155

附录　名词解释 ··· 164

参考文献 ··· 166

第 1 章

全球宏观形势及能源供需概况

1.1 全球宏观经济形势

全球经济增速进一步放缓，各经济体间经济增速分化明显。2023 年是新冠肺炎疫情"大流行"结束后的全面重启之年，全球"裂变"趋势并未有明显改观。受多重危机交汇的影响，在经济体通货膨胀高企、激进的货币紧缩政策以及不确定性加剧的背景下，各主要经济体的发展表现和宏观政策继续分化。全球经济整体低迷，导致全球经济从新冠疫情的危机中复苏的步伐减缓。疫前已经存在的诸如"去全球化"等趋势性力量持续发挥作用，叠加美欧高利率和央行缩表、制造业景气下行，制约着经济增长，全球经济增速由 2022 年的 3.5% 放缓至 2023 年的 3.2%，处于数十年来的最低水平，低于 2000—2019 年的平均增速 3.8%。其中发达国家总体经济增速为 1.6%，新兴市场和发展中经济体增速为 4.3%。三大发达经济体呈现"美强日兴欧弱"的格局，美国依然引领全球创新，经济表现突出，2023 年 GDP 增速达 2.5%，高于 2022 年的 1.9%。日本在"失去的三十年"之后，呈现恢复迹象，经济增长由负转正，年度 GDP 增速达 1.9%。欧盟经济体（增速为 0.6%）则受到全球制造业景气下滑的较大冲击，导致欧元区经济增长停滞，衰退的风险上升。乌克兰及巴以危机诱发能源和粮食价格攀升、大国博弈影响供应链稳定、大规模加息等因素推动全球通胀水平快速上升，全球经济环境依旧复杂多变，复苏之路仍充满高度不确定性。

2014—2023 年全球及主要经济体 GDP 增速如图 1-1 所示。

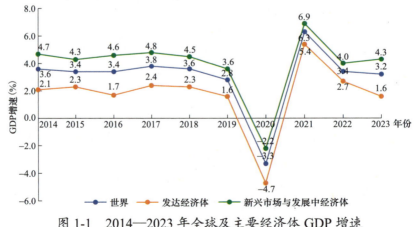

图 1-1　2014—2023 年全球及主要经济体 GDP 增速
数据来源：IMF 世界经济展望数据库

1.2　全球能源需求

1.2.1　能源消费总量和结构

能源消费需求保持增长，增速同比回升。2023 年全球能源消费总量约 210.7 亿 t 标准煤，同比增长 2.0%，略高于过去十年 1.5% 的年均增长率，增速同比回升 0.9 个百分点。其中，煤炭消费同比增长 1.6%，石油消费同比增长 2.5%，天然气消费与上年持平，非化石能源消费同比增长 4.9%。

非水可再生能源消费占比持续增长，石油消费占比提升。2023 年全球煤炭消费占能源消费总量的 26.7%，同比下降 0.1 个百分点，煤炭消费近年恢复增长，消费量超过了十年前 2014 年创下的历史纪录；石油消费占比 31.9%，同比提升 0.1 个百分点；天然气消费占比 23.5%，同比下降 0.4 个百分点。自俄罗斯切断对欧洲的天然气供应、全球爆发能源危机以来，天然气消费量已连续两年持平；非化石能源消费合计占比 17.9%，同比提升 0.4 个百分点；其中，风电、光伏等非水可再生能源消费占比 7.5%，同比提升 0.7 个百分点。风能和太阳能合计成为 2023 年最大的新增能源消费来源。2022—2023 年全球能源消费结构变化情况如图 1-2 所示。

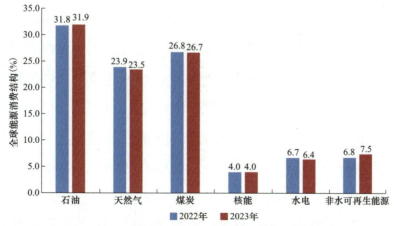

图 1-2　2022—2023 年全球能源消费结构变化情况

数据来源：英国能源研究所（以下简称 EI）《Statistical Review of World Energy 2024》

1.2.2 分地区能源消费

亚太地区能源消费占比大幅提升，北美及欧洲占比持续下降。2023 年亚太地区能源消费占全球能源消费总量的 47.1%，比上年提升 1.1 个百分点，其中，中国、印度分别占亚太地区的 58.5% 和 13.4%；北美地区能源消费占全球能源消费总量的 18.8%，比上年下降 0.9 个百分点；欧洲地区能源消费占比 12.6%，比上年下降 0.6 个百分点，呈持续下降态势；而后依次是独联体地区、中东地区、南美地区和非洲地区，占比分别是 6.6%、6.5%、5.0%、3.4%。2023 年全球各地区能源消费占比如图 1-3 所示。

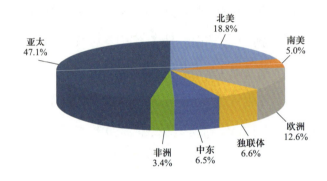

图 1-3　2023 年全球各地区能源消费占比

数据来源：EI《Statistical Review of World Energy 2024》

全球大多数地区能源消费仍以化石能源为主。北美、欧洲、中东、非洲和独联体地区能源消费占比最高的均为石油和天然气，亚太以煤炭为主。其中，北美地区石油和天然气消费分别占该地区能源消费总量的 38.4% 和 34.7%，均较上年有所增长；欧洲地区石油和天然气消费占比分别为 36.8% 和 21.7%，天然气占比显著下降；中东地区石油和天然气消费占比分别为 45.2% 和 51.4%；非洲地区石油和天然气消费占比分别为 40.7% 和 29.5%；独联体地区石油和天然气消费占比分别为 22.5% 和 52.7%。南美地区能源消费占比最高的是石油和水电，分别为 43.1% 和 23.2%；亚太地区能源消费占比最高的是煤炭和石油，分别为 46.6% 和 25.8%。2023 年全球各地区能源消费结构如图 1-4 所示。

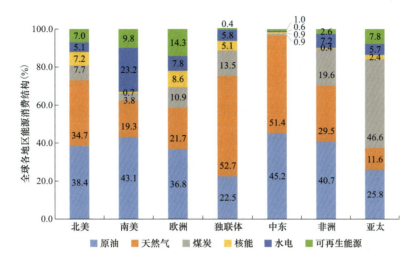

图 1-4　2023 年全球各地区能源消费结构

数据来源：EI《Statistical Review of World Energy 2024》

1.2.3　分品类能源消费

（1）全球煤炭消费创十年来新高，亚太地区煤炭占比进一步提升。2023年，全球煤炭消费量为 55.97 亿 t 标准煤，同比增长 1.6%，延续增长态势。2014—2023 年全球煤炭消费量如图 1-5 所示。

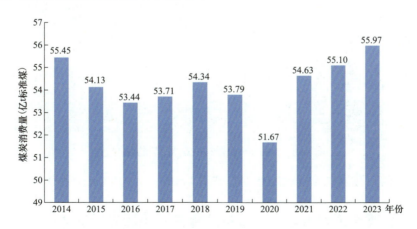

图 1-5　2014—2023 年全球煤炭消费量

数据来源：EI《Statistical Review of World Energy 2023》

全球煤电发电量小幅增长。2023 年，全球煤电发电量达 10.4 万亿 kWh，同比增长 1.4%，创历史新高。尽管燃煤发电量创下历史新高，但燃煤发电量占比从 2022 年的 35.7% 降至 2023 年的 35.4%，下降了 0.3 个百分点。2023 年发达经济体的燃煤发电量正在迅速下降，煤电发电量的增长主要来自受干旱影响的四个新兴经济体。2023 年 95% 的燃煤发电量增长发生在四个受干旱严重影响的国家，同时这些国家的电力需求增长也高于平均水平，部分原因是热浪天气频发和制冷需求增大。其中，中国的燃煤发电量增加 3190 亿 kWh（同比增长 5.9%），增幅最大，其次是印度（增加 1000 亿 kWh，同比增长 7.3%）、越南（增加 240 亿 kWh，同比增长 23%）和墨西哥（增加 120 亿 kWh，同比增长 55%）。全球煤电发电量下降的 86% 来自经合组织经济体，降幅最大的是美国（减少 1560 亿 kWh，同比下降 19%）、欧盟（减少 1130 亿 kWh，同比下降 25%）和日本（减少 220 亿 kWh，同比下降 6.3%），需求减少和风力光伏发电增长是导致燃煤发电量下跌的主要原因。2014—2023 年全球煤电发电量如图 1-6 所示。

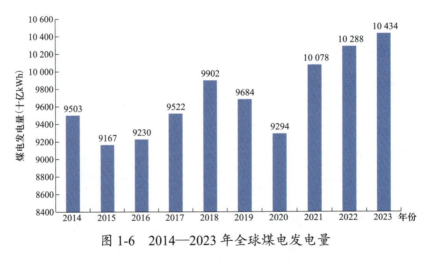

图 1-6 2014—2023 年全球煤电发电量

数据来源：英国气候及能源智库（以下简称 EMBER）《全球电力行业回顾 2024》

亚洲地区煤炭消费占全球比重持续提升，中国煤炭消费占全球近六成。
2023 年亚太地区煤炭消费占全球的比重约 82.7%，较上年提升 1.9 个百分点，占比进一步提升。其中，中国煤炭消费量占全球煤炭消费量的 56%，较上年提升 1.7 个百分点。2023 年中国煤炭发电量占全球比重达到 54.8%，与上年持平。

2014—2023 年中国煤电发电量占全球比重如图 1-7 所示。

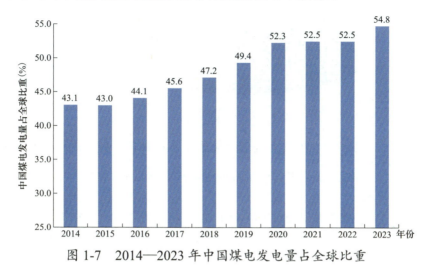

图 1-7　2014—2023 年中国煤电发电量占全球比重

数据来源：EMBER《全球电力行业回顾 2024》

（2）石油消费量持续回升接近疫情前水平。2023 年全球日均石油消费量为 10 022 万桶/日，同比增长 2.6%，除欧洲、非洲地区外，其余全球各地区石油消费量均实现正增长。其中，亚太地区和南美地区增幅位居前两位，分别为 5.4% 和 3.2%。增幅最小的三个地区分别是北美、非洲和欧洲地区，分别为 0.8%、0% 和 −0.8%。2014—2023 年全球日均石油消费量及增速如图 1-8 所示，2023 年全球分地区日均石油消费量占比如图 1-9 所示。

图 1-8　2014—2023 年全球日均石油消费量及增速

数据来源：EI《Statistical Review of World Energy 2023》

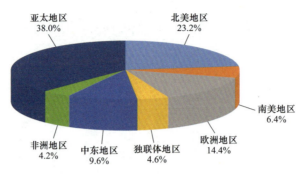

图 1-9　2023 年全球分地区日均石油消费量占比

数据来源：EI《Statistical Review of World Energy 2024》

亚太地区石油消费量占比回升，北美石油消费量占比回落。分区域来看，2023 年亚太地区石油消费量仍居全球首位，占全球石油消费量的 38.0%，占比同比回升 1.7 个百分点。北美地区石油消费量位列第二，占全球石油消费量的 23.2%，但占比同比下降 1 个百分点。其余依次是欧洲、中东、南美、独联体与非洲地区，分别占全球石油消费量的 14.4%、9.6%、6.4%、4.6%、4.2%。

（3）天然气消费量受国际形势影响同比回落。2023 年全球天然气消费量为 4.01 万亿 m^3，同比微增 0.04%，基本与上年持平，煤炭及清洁替代能源利用增加是全球天然气需求停止增长的主要原因。受俄乌冲突持续影响，欧洲天然气消费量大幅下降。天然气消费量排名前三的地区为北美、亚太和独联体国家，合计消费量占全球天然气消费量的 65.7%。2023 年独联体国家天然气消费量再次反超中东跻身前三。2014—2023 年全球各地区天然气消费量及全球增速如图 1-10 所示。

北美地区天然气消费量持续增长。2023 年北美地区天然气消费量为 11 048 亿 m^3，同比增长 1.0%，连续六年保持正增长。其中，美国消费量为 8865 亿 m^3，同比增长 0.8%；加拿大消费量为 1207 亿 m^3，同比降低 2.5%；墨西哥消费量为 976 亿 m^3，同比增长 7.3%。经济恢复良好、俄乌冲突导致欧洲部分产能转移是北美地区天然气消费量需求持续增长的主要原因。

欧洲地区天然气消费量持续大幅下降。2023 年欧洲地区天然气消费量为 4634 亿 m^3，同比大幅下降 6.9%，但跌幅同比收窄 4.4 个百分点。消费量排名前三的分别为德国、英国和意大利。其中，德国消费量为 757 亿 m³，同比下降2.4%；英国消费量为 635 亿 m³，同比下降 10.4%；意大利消费量为 586 亿 m³，同比下降 10.1%。

图 1-10 2014—2023 年全球各地区天然气消费量及全球增速

数据来源：EI《Statistical Review of World Energy 2024》

亚太地区天然气消费量回升。2023 年亚太地区天然气消费量 9354 亿 m³，同比增长 1.6%。其中消费量排名前三的中国、日本、印度合计消费天然气 5599亿 m³，占亚太地区天然气消费量的 59.8%。由俄乌冲突引发的地缘政治风险给国际天然气市场带来的供应担忧情绪大为消减，天然气供应紧张局面有所缓解，供需紧平衡格局趋于稳定，国际天然气价格下降，受此影响，中国天然气消费量同比回升 7.6%，增速同比回升 8.8 个百分点；日本天然气消费量同比下降 7.8%，为连续第六年下降；印度天然气消费量与上年基本持平，同比增长 7.5%。

全球天然气消费量排名前三的国家为美国、俄罗斯和中国，合计消费量占全球天然气消费总量的 43.5%，合计占比较上年增长 1.2 个百分点。与上年相比，三国消费量均呈不同程度上升趋势。2014—2023 年主要国家天然气消费量如图 1-11 所示。

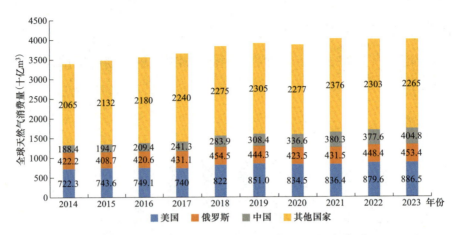

图 1-11　2014—2023 年主要国家天然气消费量

数据来源：EI《Statistical Review of World Energy 2024》

（4）非水可再生能源消费量保持较快增长。2023 年全球非水可再生能源消费量 15.7 亿 t 标准煤，同比增长 12.1%。亚太地区连续九年增量第一，对 2023 年全球非水可再生能源消费增量的贡献率为 44.8%，远高于北美的 20.9% 和欧洲的 24.5%。2014—2023 年全球非水可再生能源消费量及增速如图 1-12 所示。

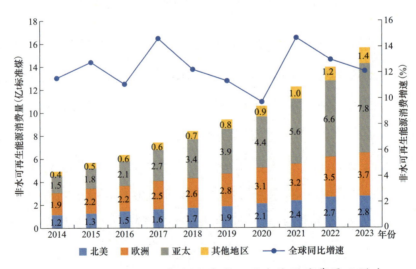

图 1-12　2014—2023 年全球非水可再生能源消费量及增速

数据来源：EI《Statistical Review of World Energy 2024》

中国对非水可再生能源消费增量的贡献率持续保持全球第一。分国家来看，2023 年对全球非水可再生能源消费量增长贡献排名前三位的依次是中国、巴西和法国，其中中国非水可再生能源消费量断层式领先，贡献了 2023 年超过全球一半的非水可再生能源消费量，中国、巴西和法国的贡献率分别为 55.7%、6.8% 和 3.3%。

（5）**氢能消费规模持续增长**。2023 年全球氢气需求量达到 9700 万 t，同比增长 2.5%，增长主要源于全球工业活动的增加。氢气的需求量仍主要集中在炼油和工业应用，新兴应用领域如重工业、长途运输和储能，目前仅占全球氢气需求量的不到 1%，但保持快速增长趋势，2022—2023 年新兴应用领域的氢能需求量增长了 40%。

中国是全球最大的氢气消费国。2023 年中国需求量接近 2800 万 t（占全球总量的 29%）；美国紧随其后，需求量量为 1300 万 t（占全球需求量的 14%）；中东和印度的需求量分别为全球的 14% 和 9%，其中，中东需求量增长显著，尤其是在炼油和甲醇生产方面；欧洲则占全球需求量的 8%，其他地区合计占 24%。

交通领域氢能消费量占比规模仍较小。尽管氢能在运输领域的发展受到政策支持和技术进步的推动，但氢能在全球运输领域的需求量仅占总需求量的不到 1%。2022—2023 年，氢能在交通领域的需求量增长了 40%，主要集中在重型运输工具上，如重型卡车和公共交通。加氢基础设施不足、氢能交通工具的制造成本和氢气的生产成本是该领域需求量无法大规模增长的主要原因。

1.3　全球能源供应

非水可再生能源供应持续高速增长，化石能源产量保持稳步增长。2023 年，虽然俄乌战争等旧事件仍在持续，新一轮哈马斯—以色列军事冲突爆发，红海发生了涉及油气运输的航运危机，但是全球能源供给市场却迅速地恢复了平静，石油、天然气和煤炭三大能源品种的价格都出现了大幅度的下跌，并且天然气和煤炭价格下跌的幅度大大高于石油。2023 年全球非水可再生能源发电量同比增长 5.4%，其中太阳能发电量增长最快，增速达 23.2%，风电增长 9.8%；核电发电量受欧洲能源短缺影响恢复增长，同比增长 2.2%。化石能源产量中，

2023 年全球煤炭产量增长 3.0%，石油产量增长 2.0%，天然气产量小幅增长 0.3%。

1.3.1 煤炭

全球煤炭产量总体稳定增长。2023 年全球煤炭产量 61.2 亿 t 标准煤，同比增长 3.0%。其中，中东地区煤炭产量增幅最大，同比增长 110.1%；亚太地区增幅排名第二，同比增长 6.0%；非洲、北美、中南美、独联体及欧洲煤炭产量均不同程度下降，其中欧洲及南美地区分别负增长 20.4% 和 6.2%。2014—2023 年全球煤炭产量及增速如图 1-13 所示。

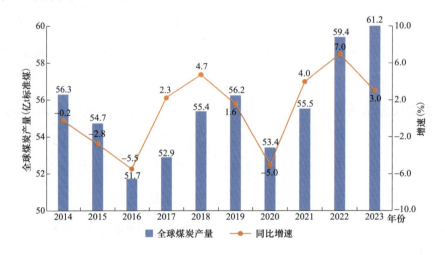

图 1-13　2014—2023 年全球煤炭产量及增速

数据来源：EI《Statistical Review of World Energy 2024》

亚太地区煤炭产量占比进一步提升。2023 年亚太地区煤炭产量 48.4 亿 t 标准煤，占全球煤炭总产量的 79%，占比同比上升 2 个百分点。中国煤炭产量占全球煤炭总产量比重的 51.8%，同比持平。2014—2023 年全球各地区煤炭产量占全球总产量比重见表 1-1。

全球煤炭贸易总量大幅增长。2023 年全球煤炭总贸易量 24.2 亿 t 标准煤，同比上升 9.5%。进口方面，受干旱、高温以及承接欧洲产能转移影响，中国及印度煤炭进口需求快速增长，对进口量增长的贡献最大，两地煤炭进口量同比分别增长 74.3% 和 7.3%。美国、欧洲及南美地区煤炭进口量均大幅下降，分别下降 34.8% 和 27.9%；出口方面，印度尼西亚、澳大利亚、俄罗斯的煤炭出口量增长明显，同比分别增长 8.8%、9.6%、1.4%。2014—2023 年全球煤炭总贸易量及增速如图 1-14 所示。

表 1-1　2014—2023 年全球各地区煤炭产量占全球总产量比重（%）

年份	2014	2015	2016	2017	2018	2019	2020	2021	2022	2023
北美	12.1	11.2	9.8	10.1	9.3	8.6	6.9	7.1	6.7	6.4
南美	1.3	1.2	1.4	1.3	1.1	1.1	0.8	0.8	0.7	0.7
欧洲	8.7	8.6	8.8	8.6	8.4	7.0	6.2	6.3	6.2	4.8
独联体	5.9	6.1	6.7	6.9	7.1	7.0	6.8	6.9	6.5	6.2
中东	0	0	0	0	0	0	0	0	0	0.1
非洲	3.4	3.3	3.5	3.6	3.5	3.5	3.5	3.1	2.9	2.8
亚太	68.7	69.5	69.8	69.5	70.5	72.8	75.9	75.8	77.0	79.0

数据来源：EI《Statistical Review of World Energy 2024》

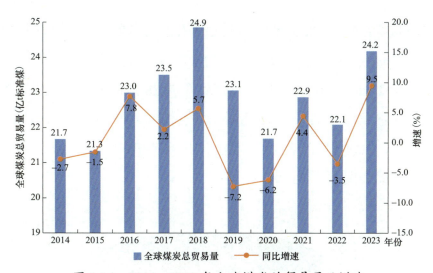

图 1-14　2014—2023 年全球煤炭总贸易量及增速

数据来源：EI《Statistical Review of World Energy 2024》

1.3.2　石油

全球石油产量持续回升。2023 年全球石油生产市场持续反弹，在需求恢复的拉动下，全球石油日均产量 9626 万桶，同比增长 2.0%，市场仍呈现供应短缺态势。2014—2023 年全球石油日均产量及增速如图 1-15 所示。

图 1-15　2014—2023 年全球石油日均产量及增速

数据来源：EI《Statistical Review of World Energy 2024》

分区域来看，中东、北美地区仍是全球石油的主要产区。2023 年中东地区日均产油量 3036 万桶，占全球日均产油量的 31.5%，比重略微下降；北美地区日均产油量 2705 万桶，占全球日均产油量的 28.1%，较上年提升 1.2 个百分点；独联体地区日均产油量 1375 万桶，占全球日均产油量的 14.3%。中东地区、北美地区、独联体地区合计占全球日均产油量的 73.9%。2023 年全球各地区石油产量占比如图 1-16 所示。

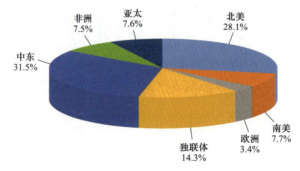

图 1-16　2023 年全球各地区石油产量占比

数据来源：EI《Statistical Review of World Energy 2024》

分国家来看，美国贡献约 90%左右的增量。美国石油产量连续六年位居世界第一，高峰日产超过 1330 万桶，石油产量占全球比重持续上升，2023 年产油量占全球比重为 20.1%，同比增长 1.2 个百分点；伊朗石油产量增势良好，2023 年占全球比重为 4.8%，比上年提升 0.6 个百分点；沙特阿拉伯石油产量回落，2023 年占全球比重为 11.8%，比上年回落 1.1 个百分点；俄罗斯石油产量占比小幅回落，2023 年占全球比重为 11.5%，比上年下降 0.4 个百分点。2014—2023 年美国、俄罗斯、沙特阿拉伯原油日产量占比如图 1-17 所示。

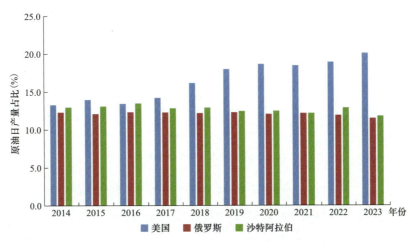

图 1-17　2014—2023 年美国、俄罗斯、沙特阿拉伯原油日产量占比

数据来源：EI《Statistical Review of World Energy 2024》

1.3.3　天然气

全球天然气产量保持稳定。2023 年全球天然气产量 4.06 万亿 m³，同比增长 0.3%，总体保持稳定。长期来看，2023 年全球天然气产量较 2012 年增加 6200 亿 m³，十年年均增长率为 1.7%。2014—2023 年全球天然气产量及增速如图 1-18 所示。

分区域来看，北美地区天然气产量全球最高，增速最快。2023 年北美地区天然气产量持续保持全球领先地位，达 12 611 亿 m³，同比增长 4.1%；独联体地区天然气产量 7736 亿 m³，仅次于北美，但产量同比下降 4.2%；中东地区天然气产量 7127 亿 m³，位列第三，同比增长 1.6%；亚太地区天然气产量 6918 亿 m³，排名第四，同比微增 0.6%。欧洲以德国、荷兰和英国为主的天然气开采大幅减少，欧洲天然气产量同比回落 7.2%；非洲地区天然气产量同比减少 0.8%。2023 年全球各地区天然气产量占比如图 1-19 所示。

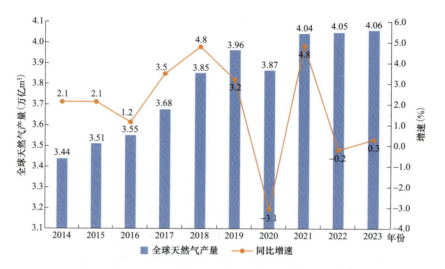

图 1-18 2014—2023 年全球天然气产量及增速

数据来源：EI《Statistical Review of World Energy 2024》

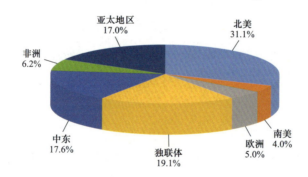

图 1-19 2023 年全球各地区天然气产量占比

数据来源：EI《Statistical Review of World Energy 2024》

分国家来看，哈萨克斯坦和以色列增长最快。2023 年哈萨克斯坦和以色列是天然气产量增速最快的国家，同比分别增长 11.7%、12.8%；受俄乌冲突影响，俄罗斯天然气产量持续减产，2023 年天然气产量仅为 5864 亿 m³，较上年减少 320 亿 m³，同比下降 5.2%，其减产份额主要被美国、中国、印度及部分中东国家增产所替代。

全球天然气贸易规模持续回落，美国 LNG 出口量保持高速增长。 2023 年全球天然气贸易总量 9364 亿 m³，同比下降 2.7%。其中，受俄欧天然气管道停止输气影响，全年管道天然气贸易量 3877 亿 m³，同比大幅下降 8.3%；LNG 贸易量 5487 亿 m³，同比增长 1.7%。进口方面，2023 年欧洲仍是最大的天然气进口地区，但进口量显著下降，总进口量 2807 亿 m³，同比减少 13.2%，占全球天然气进口总量的 30%，主要由于来自俄罗斯的管道输气大幅下降 23.6%。出口方面，美国连续两年超过俄罗斯位居世界天然气出口第一，达到 2034 亿 m³，同比增长 8.6%。中东反超俄罗斯出口量排名世界第二，中东、俄罗斯天然气出口量分别为 1450 亿 m³、1381 亿 m³，同比分别下降 2.6%、18%。其中美国 LNG 出口在 2022 年的高基数基础上，再次同比增长 8.6%，迅速抢占俄罗斯天然气出口市场。

1.3.4　可再生能源

全球非水可再生能源发电量增长进一步提速。 2023 年全球可再生能源发电量 89 311 亿 kWh，同比增长 5.3%，增速较上年下降 2.8 个百分点。其中，非水可再生能源发电量 47 212 亿 kWh，同比增长 12%，连续 14 年保持两位数增长。风力和太阳能发电量的强劲增长推动可再生能源在全球电力结构中的占比首次超过 30%。102 个国家的可再生能源发电量占比达到或超过 30%，较 2022 年增加 4 个；69 个国家的可再生能源发电量占比超过 50%，较 2022 年增加 3 个。中国仍是拉动全球可再生能源发电增长的最大动能，对全球可再生能源发电增长的贡献率为 55.6%，超过全球全年增量的一半。

2014—2023 年全球可再生能源发电量及增速如图 1-20 所示。

风电、太阳能发电高速增长，在全球电力结构中的占比首次超过 30%。 2023 年全球风电和太阳能发电量保持快速增长，分别为 9.8% 与 23.2%，较上年分别下降 3.7 个百分点、2.1 个百分点。风光合计发电量占可再生能源发电比重进一步提升至 44%，同比提升 4.0 个百分点。从总量看，水电仍然是发电量最大的可再生能源类别，发电量达 42 099 亿 kWh，占可再生能源发电比重的 47.1%，同比下降 3.5 个百分点。2023 年全球可再生能源分品类发电情况见表 1-2。

图 1-20　2014—2023 年全球可再生能源发电量及增速

数据来源：EMBER《全球电力行业回顾 2024》

表 1-2　　　　　　　　2023 年全球可再生能源分品类发电情况

类别	发电量（亿 kWh）	增速（%）	占比（%）	对可再生能源发电增长的贡献率（%）
风电	23 041	9.8	25.8	46.0
太阳能	16 305	23.2	18.3	68.8
水电	42 099	−2.0	47.1	−19.7
生物质发电	6968	3.1	7.8	4.7
其他	898	0.6	1.0	0.1

数据来源：EMBER《全球电力行业回顾 2024》

1.3.5　氢能

全球氢气供应量低速增长。2023 年全球氢气供应量达到 9700 万 t（Mt H$_2$），同比增长 2.5%。其中，中国占全球氢气生产的近 30%，其次是美国和中东（各占比 14%），印度占比 9%。尽管全球氢气需求在逐年增加，但大部分氢气仍集

中用于传统的应用领域,如炼油和化工,且大部分生产来自于未减排的化石
燃料。

电解水制氢能力快速增长。截止 2023 年年底,全球电解水制氢的安装容
量达到 1400 万 kW,中国在电解水项目的投资决策中处于领先地位,占全球总
容量的约 60%。2023 年,全球电解槽产能增量中,中国占 40%,欧洲占 32%。
尽管欧洲增长迅速,但一些项目因需求不确定性、法规障碍、融资困难等原因
被取消。

第 2 章

我国宏观经济形势及能源供需概况

2.1　我国宏观经济形势

经济恢复态势持续稳固，GDP 总规模突破 126 万亿元。得益于我国政府高效统筹疫情防控和经济社会发展，以及加大宏观政策调节力度的策略，2023 年上半年，我国经济继续从疫情的影响中恢复，GDP 增速保持较高水平。特别是在一季度，由于前期积压的部分需求集中释放和政策前置发力，经济向上修复的态势较为明显。下半年经济增速相比上半年有所放缓，主要是受到全球经济形势复杂多变、国内经济结构调整等因素的影响，制造业生产和出口面临一定压力，居民消费需求出现萎缩。全年我国 GDP 实现 126 万亿元人民币，同比增长 5.2%，增速高于全球平均水平，在全球经济增长放缓和贸易摩擦的背景下，我国经济依然能够保持稳健增长，体现了我国经济的强大韧性和内生动力。

2014—2023 年全球及主要国家和地区 GDP 增速见表 2-1。

表 2-1　　2014—2023 年全球及主要国家和地区 GDP 增速（%）

年份	2014	2015	2016	2017	2018	2019	2020	2021	2022	2023
全球平均	3.5	3.5	3.3	3.8	3.6	2.8	−3.3	6.1	3.4	3.2
发达经济体	2.1	2.4	1.8	2.5	2.3	1.6	−4.7	5.2	2.7	1.6
新兴市场与发展中经济体	4.7	4.3	4.5	4.8	4.5	3.6	−2.2	6.8	4.0	4.3
美国	2.5	3.1	1.7	2.3	3.0	2.2	−3.5	5.7	2.1	2.5
中国	7.4	7.0	6.9	6.9	6.7	5.8	2.3	8.1	3.0	5.2
日本	0.3	1.6	0.8	1.7	0.6	0.3	−4.8	1.6	1.1	1.9
欧元区	1.4	2.0	1.9	2.6	1.9	1.3	−6.6	5.3	3.5	0.4
英国	2.9	2.4	1.7	1.7	1.3	1.4	−9.9	7.4	4.0	0.1
俄罗斯	0.7	−2.0	0.2	1.8	2.8	2.0	−3.1	4.7	−2.1	3.6

数据来源：IMF 全球经济数据库、国家统计局

人均 GDP 增长提速。2023 年我国人均 GDP 达 89 358 元人民币，同比增长 5.3%，按年平均汇率折算，达到 12 680 美元，连续三年保持在 1.2 万美元以上。国民总收入 125 129 亿元，比上年增长 5.6%。全员劳动生产率为 161 615

元/人，比上年提高 5.7%。

2014—2023 年我国与发达经济体和发展中经济体人均 GDP 增速如图 2-1 所示。

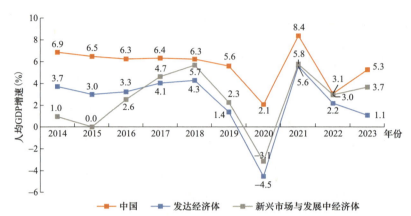

图 2-1　2014—2023 年我国与发达经济体和发展中经济体人均 GDP 增速

数据来源：IMF 全球经济数据库、国家统计局

制造业复苏明显，第三产业对 GDP 增长的贡献率强势回升。2023 年，我国第一产业增加值 8.97 万亿元，同比增长 4.1%，占 GDP 总量的 7.1%，对 GDP 增长的贡献率为 5.6%；第二产业增加值 48.3 万亿元，同比增长 4.7%，占 GDP 总量的 38.3%，对 GDP 增长的贡献率为 34.4%，同比下降 15.8 个百分点；第三产业增加值 68.8 万亿元，同比增长 5.8%，占 GDP 总量的 54.6%，对 GDP 增长的贡献率为 60.0%，同比上升 19.3 个百分点，较第二产业贡献率高出 25.6 个百分点。2014—2023 年我国各产业增加值占比及贡献率见表 2-2。

表 2-2　　　2014—2023 年我国各产业增加值占比及贡献率（%）

年份	2014	2015	2016	2017	2018	2019	2020	2021	2022	2023
第一产业占比	8.7	8.4	8.1	7.6	7.0	7.1	7.7	7.2	7.3	7.1
第一产业贡献率	4.6	4.5	4.1	4.8	4.2	8.0	9.5	6.7	9.9	5.6
第二产业占比	43.3	41.1	40.1	40.5	39.7	38.6	37.8	39.3	39.9	38.3
第二产业贡献率	47.9	42.5	38.2	35.7	36.1	29.8	43.3	38.4	50.2	34.4
第三产业占比	48	50.5	51.8	51.9	53.3	54.3	54.5	53.5	52.8	54.6
第三产业贡献率	47.5	53	57.7	59.6	59.7	62.2	47.3	54.9	40.7	60.0

数据来源：国家统计局

2023 年经济发展新动能指数同比增长 19.5%，创新驱动指数增长最快，对总指数贡献率最高。我国经济发展新动能监测❶结果显示，以 2022 年为基数 100，2023 年我国经济发展动能指数为 119.5，同比增长 19.5%。各项分类指数同比均有提升，其中网络经济指数高达 122.1，同比大幅增长 22.1%，对经济发展新动能指数增长的贡献率为 34%，是拉动我国经济发展新动能的主要力量之一。其他指数中，经济活力指数为 114.5，同比增长 14.5%；创新驱动指数为 122.3，同比增长 22.3%，对经济发展新动能指数增长的贡献率为 34.4%，是贡献度最高的一项；转型升级指数为 114.5，同比增长 14.5%。2015—2023 年经济发展新动能指数及分类指数如图 2-2 所示。

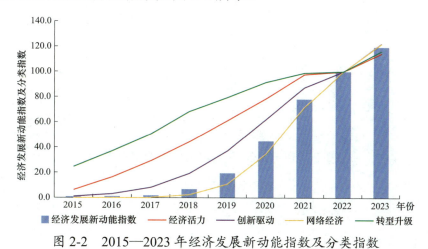

图 2-2　2015—2023 年经济发展新动能指数及分类指数

数据来源：国家统计局

2.2　我国能源需求

2.2.1　能源消费总量

　　能源消费总量快速增长，增速创十年以来新高。2023 年我国能源消费总量

---

❶　为动态监测我国经济发展新动能变动情况，国家统计局统计科学研究所在《新产业新业态新商业模式统计监测制度》和经济发展新动能统计指标体系的基础上，采用定基指数方法测算了 2022 年我国经济发展新动能指数，并修订了 2015—2021 年历史指数数据。

57.2 亿 t 标准煤，同比增长 5.7%，增速同比提升 2.8 个百分点，增量创 2005 年以来新高，增速创 2012 年以来新高。2023 年我国能源消费占全球能源消费总量的 27.6%，同比增长 1.2 个百分点，继续保持全球第一大能源消费国地位。2014—2023 年我国能源消费总量及增速如图 2-3 所示。

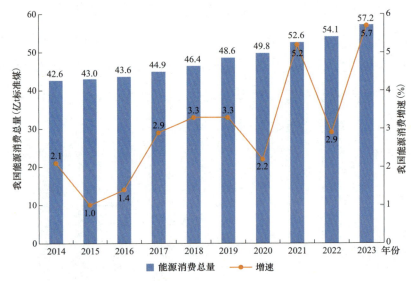

图 2-3　2014—2023 年我国能源消费总量及增速

数据来源：国家统计局

2.2.2　能源消费结构

化石能源消费大幅增长，对能源消费总量增长的贡献约八成。2023 年我国煤炭消费持续增加，主要受发电、高耗能行业用煤增长带动，全年煤炭消费量 31.6 亿 t 标准煤，同比增长 5.6%，占能源消费总量的 55.3%，较上年下降 0.7 个百分点。石油消费由降转升且增幅较大，主要受交通运输业用油大幅增加带动，全年石油消费量 10.5 亿 t 标准煤，同比增长 9.1%，占能源消费总量的 18.3%，较上年上升 0.3 个百分点。天然气消费由降转升且快速增长，主要受城市燃气、发电用气增加带动，全年天然气消费量 4.9 亿 t 标准煤，同比增长 7.2%，占能源消费总量的 8.5%，较上年上升 0.1 个百分点。非化石能源消费保持较快增长，主要用于发电，全年非化石能源消费量 9.9 亿 t 标准煤，同比增长 6.7%，占能源消费总量的 17.9%，较上年提高 0.3 个百分点。2014—2023 年我国能源消费结构如图 2-4 所示。

图 2-4　2014—2023 年我国能源消费结构

数据来源：国家统计局

2.3　我国能源供应

2.3.1　能源生产总量

能源生产继续保持增长势头，增速有所放缓。2023 年我国一次能源生产总量 48.3 亿 t 标准煤，同比增长 4.2%，增速同比回落 5 个百分点。2014—2023 我国能源生产总量及增速如图 2-5 所示。

2.3.2　能源生产结构

非化石能源产量占比提升。2023 年我国煤炭产量占一次能源生产总量的 66.6%，较上年下降 0.6 个百分点；石油产量占一次能源生产总量的 6.2%，比上年下降 0.1 个百分点；天然气产量持续提高，占一次能源生产总量的 6.0%，比上年提高 0.1 个百分点；非化石能源产量占一次能源生产总量的 21.2%，比上年提高 0.6 个百分点。2014—2023 年我国各类能源产量如图 2-6 所示，2014—2023 年我国能源生产结构见表 2-3。

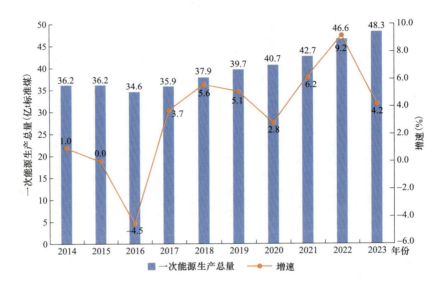

图 2-5　2014—2023 我国各类能源生产总量及增速

数据来源：国家统计局

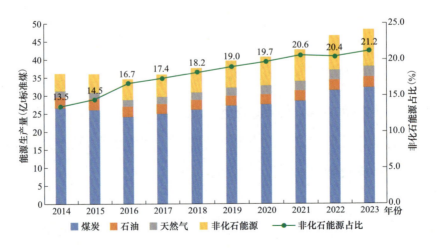

图 2-6　2014—2023 我国各类能源产量

数据来源：国家统计局

表 2-3　　　　　　　　2014—2023 年我国能源生产结构（%）

年份	2014	2015	2016	2017	2018	2019	2020	2021	2022	2023
煤炭	73.5	72.2	69.8	69.6	69.2	68.5	67.6	66.7	67.2	66.6
石油	8.3	8.5	8.3	7.6	7.2	6.9	6.8	6.7	6.3	6.2
天然气	4.7	4.8	5.2	5.4	5.4	5.6	6.0	6	5.9	6.0
非化石能源	13.5	14.5	16.7	17.4	18.2	19.0	19.6	20.6	20.6	21.2

数据来源：国家统计局

2.4　我国能源供需总体情况

2.4.1　我国能源供需平衡情况

能源自给率小幅回落，能源进口量回升。2023 年我国一次能源产量同比增长 4.2%，消费量同比增长 5.7%。受发电、高耗能行业及交通运输业的用能需求增长、进口回升等因素影响，能源消费总量增速高于能源生产总量增速 1.5 个百分点，能源自给率回落至 84.4%，同比下降 1.7 个百分点。"十三五"以来，我国能源生产明显加快，2017 年以来能源生产增速持续超过能源消费增速，能源自给率逐年回升，已基本与前期高点持平，2023 年为七年来首次能源生产增速低于消费增速，能源进口总量在上年回落后再次爬升。2014—2023 年我国能源生产/消费总量及增速如图 2-7 所示，2014—2023 年我国能源自给率如图 2-8 所示。

2.4.2　"十四五"能源发展目标及完成情况❶

（1）"十四五"现代能源体系规划目标。"十四五"时期是我国实现"碳达峰、碳中和"的重要窗口期，能源生产消费方式绿色低碳变革深入推进，清洁低碳、安全高效的能源体系将加快建成。2022 年 3 月，国家发展改革委和国家

---

❶ 本节数据来源于国家发展改革委和国家能源局联合印发的《"十四五"现代能源体系规划》。

能源局发布了《"十四五"现代能源体系规划》，主要从增强能源供应链安全性和稳定性、推动能源生产消费方式绿色低碳变革、提升能源产业链现代化水平三个方面，提出推动构建现代能源体系建设的目标和路径，主要目标如下。

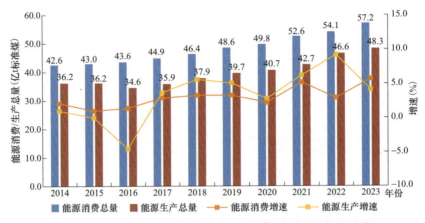

图 2-7　2014—2023 年我国能源消费/生产总量及增速

数据来源：国家统计局

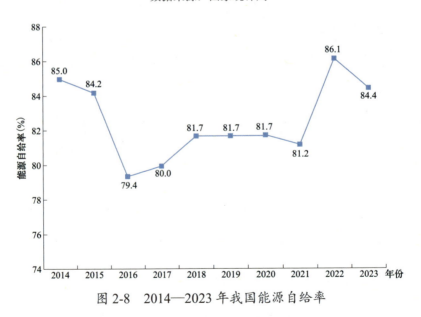

图 2-8　2014—2023 年我国能源自给率

数据来源：根据国家统计局数据折算

能源自主供给能力进一步增强。到 2025 年，国内能源年综合生产能力达到 46 亿 t 标准煤以上，原油年产量稳定在 2 亿 t 水平，天然气年产量达到 2300 亿 m^3 以上，发电装机总容量达到约 30 亿 kW（其中，常规水电装机容量达到

3.8 亿 kW 左右，核电运行装机容量达到 7000 万 kW）。

能源低碳转型成效显著。到 2025 年，单位 GDP 二氧化碳排放比 2020 年降低 18%，非化石能源消费比重提高到 20% 左右，非化石能源发电量比重达到 39% 左右，电能占终端用能比重达到 30% 左右。

能源系统效率大幅提高。到 2025 年，单位 GDP 能耗五年累计下降 13.5%，灵活调节电源占比达到 24% 左右（其中，煤电机组灵活性改造规模累计超过 2 亿 kW，抽水蓄能装机容量达到 6200 万 kW 以上、在建装机容量达到 6000 万 kW），电力需求侧响应能力达到最大用电负荷的 3%～5%（其中华东、华中、南方等地区达到最大负荷的 5% 左右）。

（2）规划目标完成情况。基于"十四五"规划主要目标，2023 年在能源供应保障方面，一次能源生产水平已达到 48.3 亿 t 标准煤，已达到 2025 年提出目标的 105%；在能源低碳转型方面，非化石能源发电比重达到 34%，受化石能源发电增长影响，较 2022 年回落 2.2 个百分点，距 2025 年目标差 5 个百分点；非化石能源消费比重达到 17.9%，较 2020 年提升 2 个百分点，距 2025 年目标差 2.1 个百分点，有望完成目标；电能占终端能源比重达到 28%，较 2020 年提升 2.5 个百分点，距 2025 年目标差 2 个百分点。

现代能源体系"十四五"规划主要目标及完成情况见表 2-4。

表 2-4　现代能源体系"十四五"规划主要发展目标及完成情况

类别	指标名称	单位	现状及目标		
			2020 年	2023 年	2025 年
能源供应保障	一次能源生产	亿 t 标准煤	40.8	48.3	46
	原油产量	亿 t	1.95	2.09	2
	天然气产量	亿 m³	1925	2324.3	2300
	电力装机总量	亿 kW	22	29.2	30
能源低碳转型	非化石能源发电比重	%	32.1	34	39
	非化石能源消费比重	%	15.9	17.9	20
	电能占终端能源比重	%	25.5	28	30
	单位国内生产总值二氧化碳排放降低	%	—	4.9	18

续表

类别	指标名称	单位	现状及目标		
			2020 年	2023 年	2025 年
能源系统效率	单位 GDP 能耗降低	%	—	7.3	13.5
	灵活调节电源比重	%	—	22	24
	电力需求侧响应能力占最大用电负荷比重	%	—		3～5

数据来源：国家统计局、中电联《中国电气化年度发展报告 2023》

2.5 我国能源关键指标分析

2.5.1 单位产值能耗

单位产值能耗同比持平。 2023 年我国单位产值能耗 0.61t 标准煤/万元（2010 年可比价），同比持平。总体来看，2013—2018 年我国单位产值能耗快速降低，2019 年以来降幅趋缓，"十四五"前三年单位产值能耗均持平。2014—2023 年我国单位产值能耗（2010 年可比价）如图 2-9 所示。

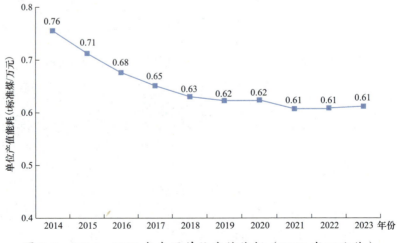

图 2-9 2014—2023 年我国单位产值能耗（2010 年可比价）

数据来源：根据国家统计局数据折算

我国与主要发达国家的单位产值能耗差距仍较大。 按照不变价计算，2023

年，美国单位产值能耗是我国的 43.5%；日本单位产值能耗是我国的 37.9%；英国单位产值能耗是我国的 21.8%；德国单位产值能耗是我国的 31.7%。我国同主要发达国家相比产值能耗仍较高，但随我国产业转型加快，单位产值能耗差距整体已呈波动缩小态势❶。

2.5.2　单位产值电耗

单位产值电耗持续提升。2023 年我国单位产值电耗 986kWh/万元（2010 年可比价），同比增长 1.5%。其中，第一产业单位产值电耗 192kWh/万元，同比增长 9.3%，显示出农业电气化水平的提升和能源使用效率的稳定增长；第二产业单位产值电耗 1695kWh/万元，同比增长 5.5%，主要由于第二产业制造业用电增长及高耗能行业电气化率提升；第三产业单位产值电耗 243kWh/万元，同比增长 4.3%，主要受新能源汽车充换电、5G 及数据中心等新业态用电影响。总体来看，我国在 2013—2017 年实现了单位产值电耗的快速降低，但自 2019 年以来，由于经济增长方式的转变和能源结构的调整，单位产值电耗有所回升。2014—2023 年我国单位产值电耗（2010 年可比价）如图 2-10 所示。

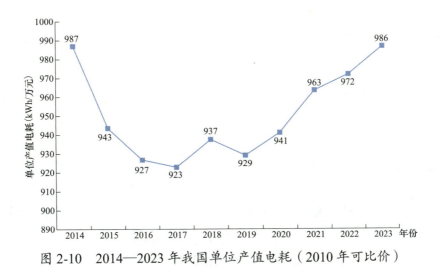

图 2-10　2014—2023 年我国单位产值电耗（2010 年可比价）

数据来源：根据国家统计局数据折算

❶ 本段数据根据 EI《Statistical Review of World Energy 2023》和世界银行公布的全球 GDP 数据折算得到。

2.5.3 能源电力消费弹性系数

能源消费弹性系数持续攀升。2023 年，第二产业依然对能源消费增长呈主要拉动作用。同时，第三产业中出现的一批新业态、新模式，尤其是数字化应用，也属于高耗能、高耗电领域，在一定程度上拉升了能源电力的消费增长。此外叠加气温升高及干旱等因素影响，发电用能增加较大，导致能源消费弹性系数增长。2023 年我国能源消费弹性系数为 1.1。2014—2023 年能源消费弹性系数如图 2-11 所示。

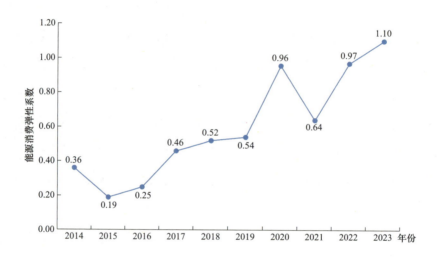

图 2-11 2014—2023 年能源消费弹性系数

数据来源：根据国家统计局数据折算

2.5.4 对外依存度

原油及天然气对外依存度同比回升。2023 年，我国原油对外依存度为 73.0%，同比回升 1.7 个百分点；天然气对外依存度为 41.9%，同比回升 0.7 个百分点，对外依存度整体上升。2014—2023 年我国原油、天然气对外依存度如图 2-12 所示。

图 2-12　2014—2023 年我国原油、天然气对外依存度

数据来源：海关总署、国家能源局

第 3 章

我国分品类能源供需概况

3.1 煤炭

3.1.1 煤炭需求

煤炭消费量持续增长，但占比下降。2023 年我国煤炭消费实物量为 47.3 亿 t，折合 31.6 亿 t 标准煤，同比增长 5.6%，占能源消费总量的 55.3%，占比较上年下降 0.7 个百分点。随着清洁能源不断发展，煤炭消费占比呈持续下降趋势。2014—2023 年我国煤炭消费总量及增速如图 3-1 所示。

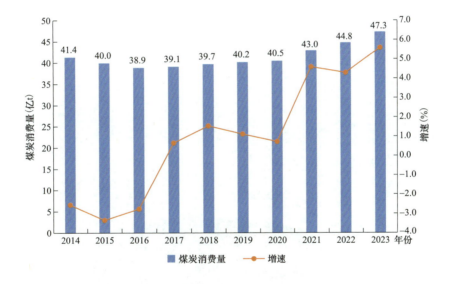

图 3-1 2014—2023 年我国煤炭消费总量及增速

数据来源：国家统计局

煤炭消费主要集中在华北和华东地区❶。2022 年煤炭消费量排名前六的省区分别是山西、内蒙古、山东、新疆、江苏和河北，占全国煤炭总消费量的

---

❶ 本章中煤炭、原油、天然气分地区消费数据来源于《中国能源统计年鉴（2023）》中的地区能源平衡表。由于平衡表中数据只更新到 2022 年，报告中煤炭、原油、天然气分地区消费情况均采用 2022 年数据。

47.9%。分区域❶看，华北地区煤炭消费量全国第一，占全国煤炭总消费量的 31.8%；华东地区继续保持第二位，占全国煤炭总消费量的 27.2%；西北地区煤炭消费占全国煤炭总消费量的 18.3%，居全国第三。2022 年我国各省区煤炭消费量及占比（前十位）见表 3-1，分区域煤炭消费占比如图 3-2 所示。

表 3-1　　　　2022 年我国各省区煤炭消费量及占比（前十位）

排序	省（市、区）	消费量（百万 t）	占比（%）
1	山西	602	12.0
2	内蒙古	550	11.0
3	山东	390	7.8
4	新疆	320	6.4
5	江苏	271	5.4
6	河北	266	5.3
7	陕西	243	4.9
8	河南	215	4.3
9	广东	198	4.0
10	安徽	187	3.7

数据来源：《中国能源统计年鉴（2023）》

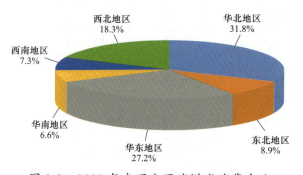

图 3-2　2022 年我国分区域煤炭消费占比

数据来源：《中国能源统计年鉴（2023）》

---

❶　本报告中的华北地区包括北京市、天津市、河北省、山西省、内蒙古自治区，东北地区包括辽宁省、吉林省、黑龙江省，华东地区包括上海市、江苏省、浙江省、安徽省、福建省、江西省、山东省，华中地区包括河南省、湖北省、湖南省，华南地区包括广东省、广西壮族自治区、海南省，西南地区包括四川省、贵州省、云南省、重庆市、西藏自治区，西北地区包括甘肃省、陕西省、青海省、宁夏回族自治区、新疆维吾尔自治区，港澳台地区除外。

电力、化工、建材、钢铁是主要耗煤行业❶。根据中电联发布的数据，2023年，全国全口径煤电发电量占总发电量的 57.9%，为 5.48 万亿 kWh 左右，同比降低 0.6%。在钢材出口增长的带动下，2023 年钢铁总需求量增长。2023 年全国生铁产量为 8.71 亿 t，同比增长 0.7%，为近三年首次正增长；粗钢产量为 10.19 亿 t，与 2022 年持平。全国水泥产量持续下降，2023 年产量为 20.2 亿 t，同比下降 0.7%。煤化工方面，2023 年甲醇周均产量达到 162 万 t，同比增长 4%；尿素产量达到 6103 万 t，同比增长 8.29%。2023 年钢铁、化工需求较为旺盛，带动煤炭消费增长，对煤炭市场价格形成支撑。

3.1.2　煤炭供应

煤炭产量连续七年增长，再创历史新高，能源保供基础更加稳固。 2023 年我国持续推进煤炭增优减劣，优质先进产能稳中有升，原煤产量 47.1 亿 t，同比增长 3.4%，增速同比回落 7.1 个百分点，增长势头放缓。煤炭开采和洗选业产能利用率为 74.4%，比上年微降 0.5 个百分点，整体保持较高水平。2014—2023 年我国原煤总产量及增速如图 3-3 所示。

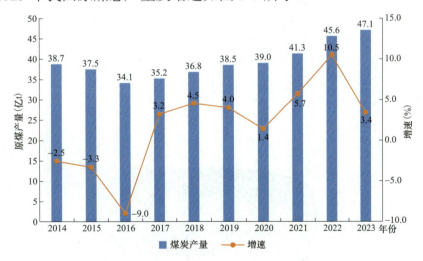

图 3-3　2014—2023 年我国原煤总产量及增速

数据来源：国家统计局

---

❶　本段数据来源于《中国能源大数据报告（2024）》

煤炭产能布局进一步优化，东中西区域协同发展格局加快形成，华北地区煤炭产能居全国首位。分省区看，2023 年山西省原煤产量最高，达 1356 百万吨，占全国原煤总产量的 29.1%，占比进一步提升；其次为内蒙古自治区，产量达 1211 百万吨，占全国原煤总产量的 25.9%；陕西省位列第三，产量达 761.4 百万吨，占全国原煤总产量的 16.3%；新疆维吾尔自治区产量达 465.7 百万吨，占全国原煤总产量的 10%，煤炭生产增速全国第二。分区域看，华北地区煤炭产量最高，占全国原煤总产量的 56%；其次是西北地区，占全国原煤总产量的 30%，其余地区煤炭产量占全国原煤总产量均低于 5%。2023 年我国各省区原煤产量及占比（前十位）见表 3-2，2023 年我国分区域煤炭产量占比如图 3-4 所示。

表 3-2　　　　　　　**2023 年我国各省区原煤产量及占比（前十位）**

排序	省（市、区）	产量（百万吨）	占比（%）
1	山西省	1356.6	29.1
2	内蒙古自治区	1211.0	25.9
3	陕西省	761.4	16.3
4	新疆维吾尔自治区	465.7	10.0
5	贵州省	131.2	2.8
6	安徽省	112.1	2.4
7	河南省	102.1	2.2
8	宁夏回族自治区	98.9	2.1
9	山东省	87.1	1.9
10	黑龙江省	68.1	1.5

数据来源：国家统计局

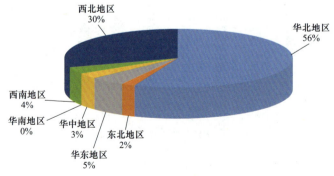

图 3-4　2023 年我国分区域煤炭产量占比

数据来源：国家统计局

3.1.3　煤炭供需影响因素

（1）煤炭价格。煤炭中长期合同价格保持稳定，动力煤市场现货价格回落。
2023 年秦皇岛 5500kcal 下水动力煤中长期合同全年均价为 714 元/t，同比下降
8 元/t，年内峰谷差在 15 元/t 左右，发挥了煤炭市场的"稳定器"作用。年初，
国内煤炭市场供需偏紧，动力煤市场价格维持在 1150 元/t 左右的高位水平。二
季度，随着各地供暖期结束，动力煤市场需求减弱而市场供应维持增长，动力
煤市场价格快速下跌至 770 元/t 的年内低点。三季度以后，随着电力、钢铁等
下游市场需求逐步好转，动力煤市场价格有所反弹，保持在 800～950 元/t 波
动运行。2023 年，环渤海港口 5500kcal 动力煤现货市场全年均价 971 元/t，同
比下跌 324 元/t。

炼焦煤价格回落，国际煤炭市场价格下行。山西吕梁部分主焦煤长协合同
全年均价 2053 元/t，同比下跌 187 元/t。山西焦肥精煤综合售价全年均价 2127
元/t，同比下跌 537 元/t。全球能源需求收缩，国际煤炭市场供应充足，印度尼
西亚、澳大利亚、俄罗斯、蒙古等煤炭市场贸易价格同比下降 23%～53%。2023
年年末，澳大利亚纽卡斯尔港 5500kcal 动力煤离岸价 91.8 美元/t，同比下跌
42.2 美元/t；印度尼西亚加里曼丹港 3800kcal 动力煤离岸价 46.8 美元/t，同比
下跌 27.2 美元/t。

2023 年环渤海动力煤（5500kcal）价格情况如图 3-5 所示。

**（2）煤炭供给侧改革❶。产业结构加快优化升级，现代化产业体系建设取
得重要进展。**煤炭生产结构持续优化，截至 2023 年年底，全国煤矿数量减少
至 4300 处左右；其中，年产 120 万 t 及以上的大型煤矿产量占全国的 85%以
上，比 2020 年提高 5 个百分点。建成年产千万吨级煤矿 81 处、核定产能 13.3
亿 t/年，比 2020 年增加 29 处、产能 5.1 亿 t/年；在建千万吨级煤矿 24 处左右、
设计产能 3.1 亿 t/年。年产 30 万 t 以下小型煤矿产能占全国煤矿数量的比重下

---

❶　本小节数据来源于中国煤炭工业协会《2023 年煤炭行业发展年度报告》。

降至 1%以下。全国建成安全高效煤矿 1146 处、百万吨采煤队 683 个。安全高效煤矿原煤产量占全国煤矿数量的比重超过 70%，平均产能 273 万 t/年，月平均综合单产 16.56 万 t，原煤工效 16.77t/工，主要生产指标显著高于全国平均水平；百万吨死亡率 0.000 69，达到世界领先水平；以一井一面、连续运输、机电一体、采掘合一、绿色智能等为主要特点的安全高效煤矿建设模式在不同省区全面铺开。

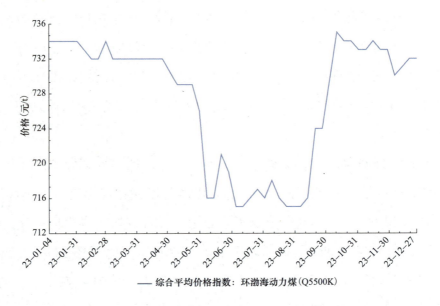

图 3-5　2023 年环渤海动力煤（5500kcal）价格情况

数据来源：万得资讯

（3）碳排放"双控"政策约束❶。煤炭清洁高效利用有序推进，绿色低碳转型取得新成效。煤炭全生命周期清洁高效利用水平不断提升，煤炭深加工精细化程度不断提高，低阶煤干法分选技术工程应用实现新突破。煤电机组"三改联动"持续推进，全国煤电装机超低排放改造超过 10.3 亿 kW，每千瓦时火力发电标准煤耗下降 0.2%，燃煤电厂烟气污染排放控制保持国际领先水平，低阶煤分质利用、循环经济煤炭综合利用等项目稳步推进。煤矿甲烷排放制度逐步建立，低浓度瓦斯综合利用政策日趋完善。煤系共伴生资源综合

---

❶　本小节数据来源于《2023 年煤炭行业发展年度报告》。

利用技术不断进步，理念创新和产业实践取得积极进展，富油煤地下原位热解采油技术、绿色减碳地面瓦斯抽采综合利用项目等实现突破，煤基资源开发利用效能持续提升。煤炭加快向原料和燃料并重转变，现代煤化工向高端化、多元化、低碳化方向迈进，产业集聚化、园区化、基地化、规模化发展格局初步形成。

（4）电煤保供政策。多措并举确保电煤中长期合同签约履约。为充分发挥煤炭中长期合同的"压舱石""稳定器"作用，保障电力平稳运行，保证中长期合同有效落实，2022 年 12 月国家发展改革委印发《关于做好 2023 年电力中长期合同签订履约工作的通知》，文件明确应确保市场主体坚持电力中长期合同高比例签约，市场化电力用户 2023 年年度中长期合同签约电量应高于上一年度用电量的 80%，并通过后续季度、月度、月内合同签订，保障全年中长期合同签约电量高于上一年度用电量的 90%。燃煤发电企业 2023 年年度中长期合同签约电量不低于上一年实际发电量的 80%，月度（含月内）及以上合同签约电量不低于上一年实际发电量的 90%。水电和新能源占比较高省区签约比例可适当放宽。对于足额签订电力中长期合同的煤电企业，各地应优先协调给予煤炭和运力保障，支撑电力中长期合同足额履约。同时，推动优先发电计划通过电力中长期合同方式落实。各地要将本地优先发电计划转化为电力中长期合同或差价合约，鼓励高比例签订年度中长期合同或差价合约，明确分月安排及责任落实主体，确保优先发电计划刚性执行。随着政策的不断完善，煤炭中长期合同的履约力度将进一步强化，长协煤保供的"压舱石"和"稳定器"作用将得以充分发挥。

3.1.4　煤炭供需平衡情况

煤炭消费量再次超过产量，产能稳定扩大。2023 年，受发电、高耗能行业用煤增长带动，煤炭消费量保持较快增长，同比增长 5.6%。全国原煤产量保持增长，2023 年我国累计原煤产量 47.1 亿 t，同比增长 3.4%，但增速较 2022 年显著回落。我国煤炭消费量再次超过产量，差值为 0.2 亿 t。2023 年我国大型煤炭企业供应能力显著增强，其中 17 家企业原煤产量超 5000 万 t，原煤产量合计约为 269 亿 t，占全国煤炭总产量的 57.1%；8 家企业原煤产量超亿吨，比上年增加 1 家，8 家企业原煤产量合计 21.4 亿 t，占全国煤炭总产量的 45.4%。此外，2023 年新疆原煤产量约 4.57 亿 t，同比增长 10.7%，疆煤外运突破 1 亿 t，已成为全国煤炭供应的新增长极。山西、蒙西、蒙东、陕北和新疆五大煤炭供应保障基地建设加快推进，煤矿先进产能持续释放，煤炭运输通道体系日益完备，全国煤炭资源配置能力显著增强。2014—2023 年我国煤炭生产/消费量如图 3-6 所示。

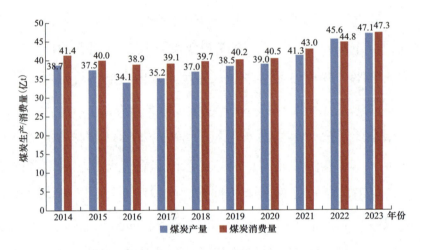

图 3-6　2014—2023 年我国煤炭生产/消费量

数据来源：国家统计局

煤炭进口上年首次下降后再创历史新高，国际煤价低位提高国内采购积极性。2023 年，我国煤炭进口量 4.74 亿 t，同比增长 61.8%，进口量创历史新高；全年出口煤炭 447 万 t，同比增长 11.7%；煤炭净进口 4.7 亿 t。2023 年，我国煤炭贸易得到恢复，特别是蒙古煤炭进口量大幅增加。分国别来看，2023 年我国进口印度尼西亚煤炭 2.20 亿 t，占煤炭进口量 46.4%；进口俄罗斯煤炭 1.02 亿 t，同比增长 58.1%，占煤炭进口量 21.5%；进口蒙古煤炭 0.70 亿 t，占煤炭进口量 14.7%；"印尼煤+俄煤+蒙煤"占煤炭进口量 83%左右，是进口主要来源。2023 年在我国执行进口煤炭零关税政策支持下，印尼煤供应充足，俄煤贸易东移，进口澳煤放开，蒙煤通关常态化。因受 2022 年暖冬影响，欧洲地区采购的煤炭库存未被消化，导致 2023 年西方国家的需求不足、库存外溢，较多煤炭资源转移到亚太地区。同时国际煤炭价格在波动中不断下行，相较于国内同热值煤炭，进口动力煤价格更具优势，提高了国内终端采购积极性，煤炭进口量屡创新高。2023 年我国进口煤炭来源分布如图 3-7 所示，进口量如图 3-8 所示。

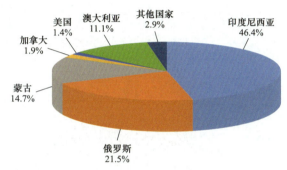

图 3-7　2023 年我国进口煤炭来源分布

数据来源：海关总署

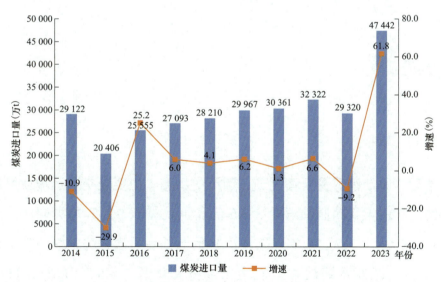

图 3-8　2014—2023 年我国煤炭进口量

数据来源：国家统计局、海关总署

煤炭主要进口地区中，华中、华南、华北、华东地区进口量均同比大幅增

长，其余地区进口量增速也均超过 20%。2023 年华东地区进口煤炭最多，为 2.08 亿 t，同比增长 60.9%，占进口总量的 43.9%；其次为华北地区，进口 1.05 亿 t，同比增长 61.7%，占比 22.1%；华南地区进口量位居第三，进口 0.95 亿 t，同比增长 61.3%，占比 20.0%；华中地区增速最大，进口量 0.21 亿 t，同比增长 204%。2023 年我国各区域煤炭进口量见表 3-3。

表 3-3 2023 年我国各区域煤炭进口量

序号	地区	进口量（亿 t）	占比（%）	同比（%）
1	华东	2.08	43.8	60.9
2	华北	1.05	22.1	61.7
3	华南	0.95	20.0	61.3
4	华中	0.21	4.4	203.8
5	东北	0.20	4.3	28.7
6	西北	0.16	3.3	33.4
7	西南	0.10	2.10	64.7

数据来源：海关总署

3.2 石油

3.2.1 石油需求

疫情后，原油消费量全面复苏，创历史新高，主要受交通运输业用油大幅增加带动。2023 年我国原油消费量 7.6 亿 t，同比增长 9.1%，增速同比提升 12.2 个百分点，2022 年（近 30 年以来首次）负增长后再次强势反弹。其中，石油化工行业、公路和水路运输、航空用油分别增长 3.6%、13.8%、117.4%。2014—2023 年我国石油消费量及增速如图 3-9 所示。

原油消费主要集中于东部沿海地区。山东和辽宁面向良港，炼化产业较多，原油加工量大，油品消费需求旺盛。2022 年山东原油消费量 134.9 百万吨，同比下降 9.3%，占全国原油消费的 19.3%；辽宁原油消费量 97.5 百万吨，同比下降 6.3%，占全国原油消费的 13.9%；浙江原油消费量大幅增长至 67.5 百万吨，同比增长 67.9%，超越广东排名第三。广东、福建、江苏、浙江、上海等东部经济发达地区原油消费合计占全国原油消费的 31.5%。分区域看，华东地区消费量 302 百万 t，占全国原油消费的 44.2%，远高于其他地区；东北和华南地区其次，分别占全国原油消费的 18.2%、13.4%。2022 年我国分省区原油消费量（前十位）见表 3-4，2022 年我国分区域原油消费占比如图 3-10 所示。

图 3-9　2014—2023 我国石油消费量及增速

数据来源：国家统计局、行业统计数据折算

表 3-4　2022 年我国各省区原油消费量（前十位）

排序	省（市、区）	消费量（百万 t）	占比（%）
1	山东	134.9	19.3
2	辽宁	97.5	13.9
3	浙江	67.5	9.6
4	广东	66.3	9.5
5	江苏	39.9	5.7
6	新疆	25.3	3.6
7	福建	25.8	3.7
8	河北	21.8	3.1

续表

排序	省（市、区）	消费量（百万 t）	占比（%）
9	上海	21.0	3.0
10	陕西	19.3	2.8

数据来源：国家统计局、《中国能源统计年鉴 2023》及各省统计年鉴

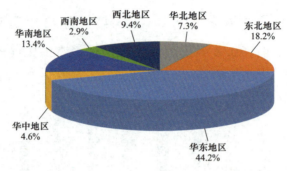

图 3-10　2022 年我国分区域原油消费占比

数据来源：国家统计局、《中国能源统计年鉴 2023》及各省统计年鉴

成品油消费保持快速增长。 2023 年我国成品油消费是新冠疫情后快速复苏的一年，全年成品油消费量 4.03 亿 t，同比增长 9.4%，超过疫情前水平，增速同比提升 8.5 个百分点。2014—2023 年我国成品油表观消费量及增速如图 3-11 所示。

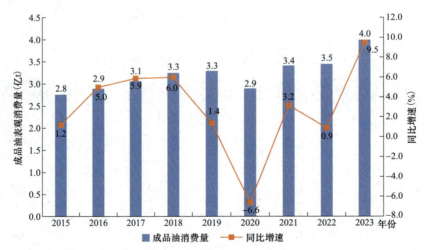

图 3-11　2014—2023 年我国成品油表观消费量及增速

数据来源：国家统计局、国家发展改革委

汽柴油需求大幅回暖，基本恢复至疫情前水平。2023 年汽油消费加速回暖，全年汽油消费量为 1.49 亿 t，同比增长 11.3%，增速同比回升 17.2 个百分点；柴油消费约 2.03 亿 t，同比增长 12.3%，增速同比回落 7 个百分点。2023 年成品油消费大幅攀升，主要是由疫情放开后居民出行意愿增加所致。2014—2023 年我国汽油和柴油消费量如图 3-12 所示。

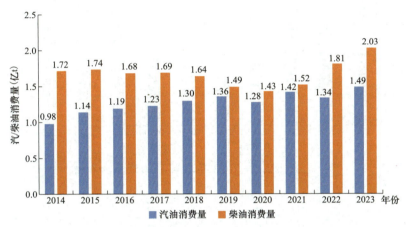

图 3-12　2014—2023 年我国汽油、柴油消费量

数据来源：国家统计局、行业统计数据

3.2.2　石油供应

原油生产实现 2 亿 t 长期稳产目标。2023 年我国原油产量达到 2.09 亿 t，同比增长 2.1%，增速同比回落 0.8 个百分点，实现连续五年正增长，国内原油 2 亿 t 长期稳产的基本盘进一步夯实。海洋原油大幅上涨成为关键增量，产量突破 6200 万 t，连续四年占全国石油增产量的 60% 以上。页岩油勘探开发稳步推进，新疆吉木萨尔、大庆古龙、胜利济阳三个国家级示范区及庆城页岩油田加快建设，苏北溱潼凹陷多井型试验取得商业突破，页岩油产量突破 400 万 t，再创新高。陆上深层超深层勘探开发持续获得重大发现，高效建成多个深层大油田，2023 年产量 1180 万 t，我国已成为全球陆上 6000m 以深超深层油气领域引领者。2023 年，油气行业增储上产"七年行动计划"持续推进，全年石油新增探明地质储量约 13 亿 t。2014—2023 年我国原油产量和增速如图 3-13

所示。

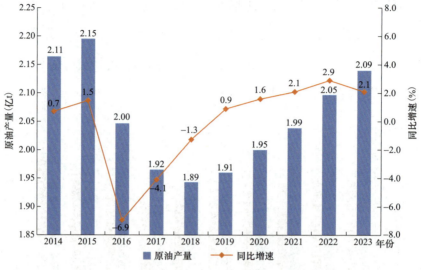

图 3-13　2014—2023 年我国原油产量和增速

数据来源：国家统计局

华北地区原油产量占全国比重小幅提升，西北、东北原油产量占全国原油产量比重下降。2023 年西北地区原油产量 72.9 百万吨，居全国第一位，占全国原油产量的 34.9%，同比下降 0.3 个百分点；华北地区原油产量 44.0 百万 t，跃居第二，占全国原油产量 21.1%，同比提升 0.8 个百分点；东北地区原油产量 43.5 百万吨，位居第三，占全国原油产量 20.8%，同比下降 0.4 个百分点；2023 年我国各省区原油产量及占比（前十位）见表 3-5，2023 年我国分区域原油产量占比如图 3-14 所示。

表 3-5　　　2023 年我国各省区原油产量及占比（前十位）

排序	省（市、区）	产量（百万 t）	占比（%）
1	天津	35.8	17.5
2	新疆	32.1	15.7
3	黑龙江	29.7	14.5
4	陕西	25.4	12.4
5	山东	22.0	10.8
6	广东	18.8	9.2

续表

排序	省（市、区）	产量（百万 t）	占比（%）
7	甘肃	10.9	5.3
8	辽宁	9.8	4.8
9	河北	5.5	2.7
10	吉林	4.2	2.1

数据来源：国家统计局

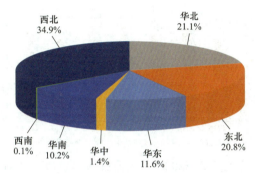

图 3-14　2023 年我国分区域原油产量占比

数据来源：国家统计局

炼油能力延续增长态势，成品油产量实现较快增长。 2023 年，我国成品油产量 4.28 亿 t，同比增长 16.4%。分品种看，汽油产量 1.61 亿 t，同比增长 10.1%；柴油产量 2.17 亿 t，同比增长 13.3%；煤油产量 0.5 亿 t，同比增长 68.3%。2023 年，国内炼油能力延续小幅增长态势，增长 1200 万 t，是 2017 年以来的最低增量，总炼油能力升至 9.36 亿 t/年，稳居世界第一。其中，主营炼厂成品油产量 30 109.8 万 t，同比上涨 3.1%；独立炼厂成品油产量 11 499.0 万 t，同比增长 12.4%。全年石油焦产量 3139.6 万 t，同比增长 12.9%；燃料油产量 5364.7 万 t，同比增加 4.9%。2013—2023 年我国汽油、柴油、煤油产量如图 3-15 所示。

成品油产地格局集中度有所提升。 分省看，2022 年产量排名第一的山东共生产成品油 59.1 百万 t，同比增长 24%，占全国成品油产量的 19.3%，较上年提高 3.8 个百分点。排名前五位的省份中，辽宁、广东稳居第二、第三位，浙江、江苏延续上年的高速增长态势，保持在第四、第五位。排名前五位省份成品油生产能力占我国成品油总生产能力的 54.2%，较上年提高 3.7 个百分点。2022 年我国各省区成品油产量（前十位）见表 3-6。

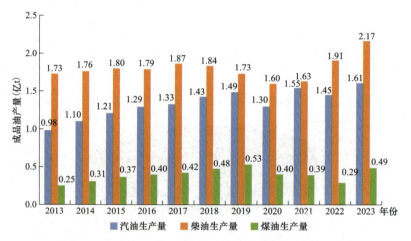

图 3-15　2013—2023 年我国汽油、柴油、煤油产量

数据来源：国家统计局

表 3-6　　　　　2022 年我国各省区成品油产量（前十位）　　　单位：百万 t

排序	省（市、区）	汽柴煤总量	汽油	柴油	煤油
1	山东	73.3	28.4	43.6	1.3
2	辽宁	47.3	16.7	27.7	2.9
3	广东	38.6	13.7	19.6	5.3
4	浙江	23.6	9.0	12.5	2.1
5	江苏	17.2	7.4	7.2	2.6
6	陕西	15.2	7.0	7.7	0.47
7	新疆	14.3	4.0	9.6	0.66
8	河北	12.7	5.6	6.5	0.64
9	上海	12.0	4.8	5.4	1.8
10	广西	11.0	4.8	5.2	0.95

数据来源：国家统计局

3.2.3 石油供需影响因素[注]

（1）国际政治经济局势。乌克兰危机爆发以来，全球油气贸易发生深刻调整，贸易方向从"逆时针"转向"顺时针"。美国和欧洲国家对俄罗斯石油实施一系列严格的制裁措施，禁止进口俄罗斯石油与成品油，禁止为运输俄罗斯石油的船只提供保险及再保险服务，并进一步提高对俄罗斯石油的"限价令"，导致俄罗斯改变原来油气向欧洲出口的方向。同时，欧洲大幅减少从俄罗斯进口能源，特别是石油和天然气的进口，加大从中东、美洲、非洲等地区进口，以填补供应缺口。目前，俄油气转向亚洲的中国、印度及东南亚国家。中国、印度等国进口的俄罗斯石油，基本弥补了欧洲进口的减少量。此种贸易流向转变至少会持续 3～5 年或者更长时间，国际油气贸易格局在动荡中不断探索与平衡，随俄美欧关系的变化而最终定型。虽然"欧佩克+"深化和延长减产计划以维护市场价格，但美国等非"欧佩克+"产油国通过提高产量抢占市场份额。2023 年，美国原油出口量首次突破 400 万桶/日，成为全球第三大原油出口国，占全球原油出口量的 9.4%。

能源安全持续成为国际社会的关注点，各国加大了对石油和天然气安全的警惕，更加关注可承担风险、供应安全和清洁能源供应链韧性。乌克兰危机造成了能源供应紧张的氛围，近两年国际油价在相对较高的价格区间内波动，一定程度助推了行业对油气资源的信心。截至 2023 年年底，2023 年全球油气资源并购市场完成交易 182 宗，实现交易金额 2177 亿美元，创下自 2013 年以来的最高水平。特别是创下了近十年油气并购金额记录的埃克森美孚公司 645 亿美元收购先锋自然资源公司，以及雪佛龙 530 亿美元收购赫斯公司，表明石油巨头们看好油气能源的未来，对其在未来一段时间内保障能源需求的作用充满信心。

（2）供应能力及需求规模。国内油气资源勘探再获重大突破。2023 年我国

[注] 本节数据除特殊标注外，均来源于刘朝全、姜学峰等主编的《2020 年国内外油气行业发展报告》，以及刘晓慧、夏鹏等编写的《2020 年全球石油市场形势及未来走势分析》。

页岩油勘探开发稳步推进，新疆吉木萨尔、大庆古龙、胜利济阳三个国家级示范区及庆城页岩油田加快建设，苏北溱潼凹陷多井型试验取得商业突破，页岩油产量突破 400 万 t，再创新高。陆上深层—超深层勘探开发持续获得重大发现，高效建成多个深层大油田，2023 年产量 1180 万 t，我国已成为全球陆上 6000m 以深超深层油气领域引领者。同时，新疆塔里木盆地深层油气勘探开发持续发力，塔北西部寒武系取得系列重大油气发现，富满、顺北、博孜—大北等主力油气田快速上产，油气增储上产向地球深部进军步伐不断加快。塔北西部寒武系新领域取得重大突破。两口风险探井托探 1 井、雄探 1 井分别在 5700m、6700m 井段获得高产，取得库车南斜坡寒武系陆相油气勘探重要突破，迎来塔北西部上寒武统白云岩海相油气首次发现，落实亿吨级规模油气藏，证实了库车南斜坡多目的层系巨大的勘探潜力，开辟了塔里木盆地新的十亿吨级战略接替领域。

海洋油气勘探开发再获新突破。海上油气勘探开发持续发力，通过创新成盆成凹机制、油气成藏模式认识，在渤海海域、南海深水领域再获亿吨级油气勘探新发现，开辟深水、深层、隐蔽油气藏、盆缘凹陷等勘探新领域，支撑海洋强国建设能力进一步增强。渤海南部发现全球最大太古界变质岩渤中 26—6 油田，渤海湾负向潜山钻获最高日产油 325t、气 33 万 m^3，累计探明和控制地质储量超 2 亿 t 油当量。渤海浅层秦皇岛 27—3 油田明下段测试喜获高产，探明石油地质储量超过 1 亿 t。南海东部深水获亿吨级油气发现，珠江口盆地开平南油田钻获日产超千吨高产油流井，累计探明地质储量超 1 亿 t 油当量。

碳市场影响力不断增强，石油消费间接受到压制。2023 年，全球化石燃料相关二氧化碳总排放量达到 368 亿 t，较上年增加 1.1%。《联合国气候变化框架公约》第 28 次缔约方大会（COP28）就首次全球盘点、公正转型等多项议题达成共识，按照 1.5℃温升控制目标，2030 年全球温室气体排放量需在 2019 年基础上减少 43%，2035 年全球温室气体排放量需在 2019 年基础上排放量减少 60%，2050 年达到"净零"排放。法国、澳大利亚等国家以及国际航运业等提出更高的减排目标。欧盟碳边境调节机制（CBAM）正式进入过渡阶段，目前设定覆盖范围包括钢铁、铝、水泥、化肥、电力和氢六大行业。英国计划自 2027 年实施；美国及澳大利亚等国也在加快推进碳关税进程，旨在提升本土制造业的竞争力并减少碳泄漏。随着未来国际碳市场的规模继续扩大，碳定价机制作用将更加突出。已建成的碳市场或将纳入更多行业，泰国、印度、巴西、智利等多国碳市场建设将加快推进。对油气行业而言，欧盟碳市场和北美西部气候倡议已分别将炼油和油气供应等环节纳入覆盖范围，部分国家和地区出台了碳税以管控本地油气生产和消费环节碳排放，欧盟更是计划自 2030 年起管控进口油气的甲烷排放强度。整体来看，油气行业未来将面临更大的减排压力，也将间接压制石油消费需求。

（3）国际石油价格。俄乌冲突影响基本消退，美联储继续加息至高位，国际原油价格总体下行。2023 年，在美联储超预期加息、夏季"欧佩克+"大幅减产以及巴以冲突等因素影响下，布伦特油价先跌后涨再跌，并呈现高波动性，全年均价 82 美元/桶，同比下跌 17%。2023 年美联储控通胀决心和加息次数超年初预期，欧美银行业危机加剧油价下行幅度。美联储在 2023 年 2 月、3 月、5 月和 7 月分别加息 25 个基点，3 月中旬欧美银行业危机，4 月底美国银行业第二次危机，5 月底美国债务上限协议艰难谈判，2023 上半年国际油价出现三次大幅下跌。高利率下，全球经济下行，2023 年全球石油需求同比增加 220 万桶/日，至 1.02 亿桶/日。供给面，"欧佩克+"5 月起自愿大幅减产 166 万桶/日，沙特 7—12 月单方面大幅减产 100 万桶/日，俄罗斯 8 月原油出口减少 50 万桶/日，9—12 月减少 30 万桶/日，全年全球石油供应同比增加 130 万桶/日，至 1.01 亿桶/日，下半年全球原油库存明显下降，带动国际油价三季度大幅上涨。2023 年国际油价呈先跌后涨再跌的走势，布伦特油价均价 82 美元桶，同比下降 17%，最高价 96.55 美元/桶（9 月 27 日），最低价 71.84 美元/桶（6 月 12 日）。

截至 2023 年年末，WTI 原油收于 71.65 美元/桶，全年下降 7.4%；布伦特原油收于 77.80 美元/桶，全年下降 4.8%。2023 年国际原油现货价格如图 3-16 所示。

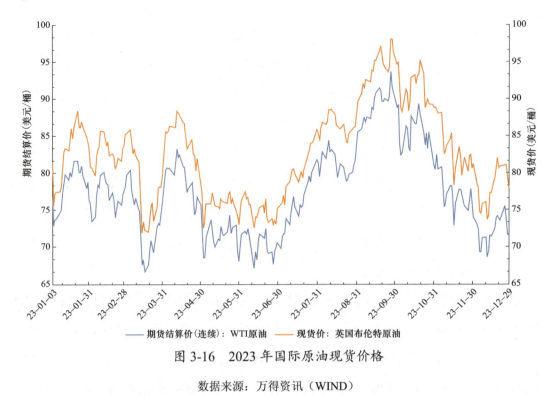

图 3-16　2023 年国际原油现货价格

数据来源：万得资讯（WIND）

（4）重点用油行业发展[1]。新能源乘用车市场持续爆发，成品油消费预计将更快达峰。2023 年，我国新能源汽车产销量分别增长 35.8%和 37.9%，分别完成 958.7 万辆和 949.5 万辆，创下历史新高，其中纯电动汽车占比 69.9%。结合新能源汽车的行驶里程及汽车能耗测算，2023 年约替代成品油 1700 万 t，约占消费的 10%以上。新能源汽车销量增长对汽油的影响最大。与柴油缓慢下降有所不同，汽油在需求达峰后没有平台期，即汽油销量达峰后需求会快速回落，由此造成汽柴油产品结构占比发生明显变化。届时，汽油占比将下降，柴油占比提升。该趋势下将加速石油峰值的到来，预计成品油消费峰值在 2025 年左右，石油总体消费将在 2030 年前达峰，并且该时间节点或有提前到来的可能。

3.2.4　石油供需平衡情况

原油生产与消费缺口扩大，进口量快速反弹。2023 年我国原油消费量 7.6

---

[1]　数据来源于乘用车市场信息联席会发布的公开数据。

亿 t，同比增长 9.1%，原油生产量 2.09 亿 t，同比增长 2.1%，原油生产与消费缺口为 5.5 亿 t，同比扩大 0.5 亿 t，对外依存度在连续两年下降后再次攀升。2023 年我国原油进口量超过 2020 年，创下了新的历史纪录，主要由于随着国内解除疫情相关防控措施，燃料需求尤其是航空燃料和汽油消费增长，国内独立炼厂加工油种调整后基本进入常态化，受此影响我国原油进口增长强劲。2014—2023 年我国原油生产/消费量及对外依存度如图 3-17 所示。

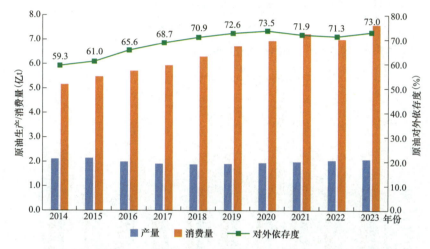

图 3-17　2014—2023 年我国原油生产/消费量及对外依存度

数据来源：国家统计局

出行需求释放，汽油供需双增。2023 年汽油生产量为 1.61 亿 t，同比增长 10.1%；消费量为 1.49 亿 t，同比增长 11.2%，实现供需双增，供需差量为 1228 万 t。随着交通和物流限制的解除，人们的出行需求得到充分释放，全国范围内的人员流动显著增加，私家车使用频率和距离都有所提高，为汽油消费增长提供了动力。2014—2023 年我国汽油生产/消费量如图 3-18 所示。

柴油供需矛盾加剧。2023 年柴油生产量为 2.17 亿 t，同比增长 13.3%；消费量为 2.03 亿 t，同比增长 11.3%，供需差扩宽至 1364 万 t。随着疫情影响逐步消退，货运及生产恢复，柴油生产消费量持续回升，超过疫情前水平。2014—2023 年我国柴油生产量/消费量如图 3-19 所示。

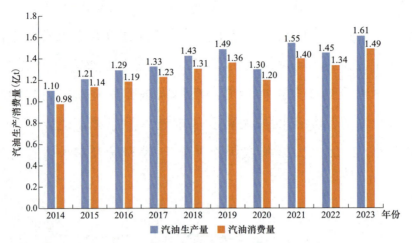

图 3-18　2014—2023 年我国汽油生产/消费量

数据来源：国家统计局

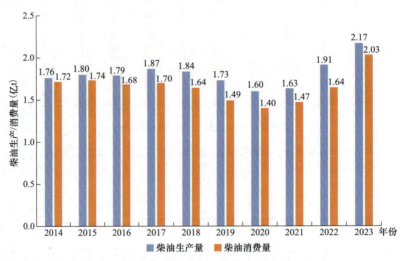

图 3-19　2014—2023 年我国柴油生产/消费量

数据来源：国家统计局

原油进口快速反弹，进口规模创下新纪录。2023 年随着国内解除疫情相关防控措施，燃料需求尤其是航空燃料和汽油消费增长，国内独立炼厂加工油种调整后基本进入常态化，受此影响，我国原油进口增长强劲。2023 年我国进口原油 5.64 亿 t，同比增长 11.0%。2014—2023 年我国原油进口量年均增长率为 6.2%。2014—2023 年我国原油进口量及增速如图 3-20 所示。

图 3-20　2014—2023 年我国原油进口量及增速

数据来源：国家统计局

俄罗斯超越沙特阿拉伯成为我国第一大原油进口国。2023 年，我国原油进口来源国主要有俄罗斯、沙特阿拉伯、伊拉克、马来西亚、阿联酋、阿曼、巴西、安哥拉、科威特等。其中，俄罗斯和沙特阿拉伯位居第一位、第二位，进口数量分别达 10 702 万 t 和 8596 万 t，占比分别为 18.9% 和 15.2%，俄罗斯是中国历史上第一个进口原油超亿吨的国家。伊拉克和马来西亚进口数量分别为 5929 万 t、5479 万 t，占比分别为 10.5%、9.7%。阿联酋进口数量为 4182 万 t，占比为 7.4%。阿曼、巴西和安哥拉进口数量分别为 3915 万 t、3774 万 t 和 3003 万 t，占比分别为 6.9%、6.7% 和 5.3%。科威特进口数量为 2453 万 t，占比为 4.3%。2023 年我国原油进口来源分布如图 3-21 所示。

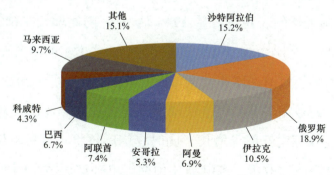

图 3-21　2023 年我国原油进口来源分布

数据来源：海关总署

各地区原油进口规模均较快增长。2023 年华北、华东、东北地区原油进口量继续占据前三位，其中，华北地区进口最多，为 3.04 亿 t，同比增长 8.1%，占进口总量的 53.9%；其次为华东地区，进口 1.67 亿 t，同比增长 18.2%，占进口总量的 29.6%；东北地区进口量位居第三，进口 0.56 亿 t，同比增长 0.2%，占进口总量的 10.0%。2023 年我国各区域原油进口量见表 3-7。

表 3-7　　　　　　　　　2023 年我国各区域原油进口量

序号	地区	进口量（万 t）	占比（%）	同比（%）
1	华北	30 390	53.9	8.1
2	华东	16 709	29.6	18.2
3	东北	5652	10.0	0.2
4	西南	1888	3.3	38.8
5	华南	1111	2.0	9.8
6	华中	604	1.1	12.5
7	西北	40	0.1	20.4

数据来源：海关总署

3.3　天然气

3.3.1　天然气需求

天然气消费量继十年来首次下降后再次强力回升，消费规模再创历史新高。2023 年我国天然气表观消费量 3945 亿 m^3，同比增长 7.6%，占一次能源消费总量的 8.5%，对比 2022 年消费增速-1.7%，2023 年我国天然气表观消费一改颓势，重回增长轨道，增速较上年回升 9.3 个百分点。2023 年，我国宏观经济回升向好，商业服务业景气度快速提升，工业生产逐步恢复，带动商服、工业、交通、发电等用气需求增长，同时受国际气价下行带动国内 LNG 市场价下降、天然气经济性改善、水电不及预期气电补位等多重因素影响，天然气消费实现较快增长。2014—2023 年我国天然气消费量及增速如图 3-22 所示。

图 3-22 2014—2023 年我国天然气消费量及增速

数据来源：国家统计局、《中国天然气发展报告（2024）》

城市及工业天然气消费量保持增长，发电、化工用气恢复增长。从消费结构看，城市燃气消费同比增长 10%，占天然气消费总量的 33%，公服商业、交通物流加快恢复，LNG 重卡销量爆发式增长，居民生活、采暖用气稳定增加；工业燃料用气较快恢复，同比增长 8%，占天然气消费总量的 42%，主要受工业生产提速，轻工、冶炼、机械等传统产业持续向好，锂电池、光伏板等新动能成长壮大等因素影响；发电用气同比增长 7%，占天然气消费总量的 17%，新增气电装机超过 1000 万 kW，总装机规模达到 1.3 亿 kW，气电顶峰保供能力显著增强，在迎峰度夏、冬季保供中发挥重要作用；化工化肥用气基本稳定，占天然气消费总量的 8%。2023 年我国分部门天然气消费量及增速见表 3-8，分部门天然气消费占比见图 3-23。

表 3-8 **2023 年我国分部门天然气消费量及增速**

用途	消费量（亿 m^3）	增速（%）
城市燃气	1302	10.0
工业用气	1657	8.0
发电用气	671	7.0
化工用气	316	8.0

数据来源：《中国天然气发展报告（2024）》

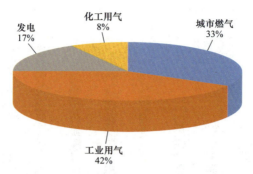

图 3-23　2023 年我国分部门天然气消费占比

数据来源：《中国天然气发展报告（2024）》

各地区天然气消费量均有所增长。2022 年，河北、陕西、安徽天然气消费量快速增长，增速分别达到 10.2%、17.9% 和 29.8%。山东、上海、辽宁、湖北、青海消费量不同程度下降，分地区看，华东地区消费量 948 亿 m³，同比增长 1.2%，占天然气消费总量的 27.6%；华北地区消费量 755 亿 m³，同比增长 6.0%，占天然气消费总量的 21.7%；华中地区消费量 241 亿 m³，同比增长 4.5%，占天然气消费总量的 6.9%；西南地区消费量 515 亿 m³，同比增长 2.7%，占天然气消费总量的 14.8%；华南地区消费量 387 亿 m³，同比增长 1.5%，占天然气消费总量的 11.1%；东北地区消费量 175 亿 m³，同比增长 2.8%，占天然气消费总量的 5.0%；西北地区消费量 450 亿 m³，同比增长 5.2%，占天然气消费总量的 12.9%。2022 年我国分省区天然气消费量及占比（前十位）见表 3-9，2022 年我国分区域天然气消费量占比如图 3-24 所示。

表 3-9　　　2022 年我国分省区天然气消费量及占比（前十位）

排序	省（市、区）	消费量（亿 m³）	占比（%）
1	江苏	305	8.8
2	四川	297	8.5
3	广东	296	8.5
4	山东	215	6.2
5	北京	198	5.7
6	陕西	193	4.9
7	河北	187	5.4

续表

排序	省（市、区）	消费量（亿 m³）	占比（%）
8	浙江	172	5.5
9	重庆	139	4.0
10	新疆	128	3.7

数据来源：国家统计局、《中国能源统计年鉴 2023》及各省统计年鉴

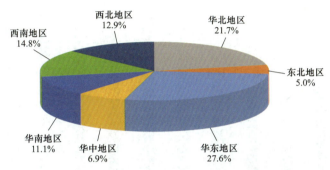

图 3-24　2022 年我国分区域天然气消费量占比

数据来源：国家统计局、《中国能源统计年鉴》及各省统计年鉴

3.3.2　天然气供应

新增探明储量再获重大突破。2023 年，国内天然气勘探取得一系列重大成果，陆上超深层、深水、非常规气勘探取得重大突破，在塔里木、四川、鄂尔多斯等盆地发现多个千亿立方米级大气区。塔里木盆地雄探 1 井在 6000m 以深井段获高产；四川盆地寒武系深层页岩气取得突破；鄂尔多斯盆地深层煤层气发现千亿立方米级大气区，开辟了新的增储领域；渤海南部潜山带成功发现大型整装超亿吨油气田。全国天然气（含页岩气、煤层气）新增探明地质储量 1.2 万亿 m³。

天然气连续七年增产超百亿立方米。2023 年全国天然气产量 2324 亿 m³，同比增长 5.6%，增量 123 亿 m³，连续七年增产超百亿立方米。非常规天然气产量突破 960 亿 m³，占天然气总产量的 43%，成为增储上产重要增长极。其中，致密气不断夯实鄂尔多斯、四川两大资源阵地，全年产量超 600 亿 m³；

61

页岩气不断巩固深层生产基地，新区新领域获重要发现，全年产量 250 亿 m³；煤层气稳步推进中浅层滚动勘探开发，深层煤层气取得重大突破，全年产量 117.7 亿 m³。

2014—2023 年我国天然气产量及增速如图 3-25 所示，2023 年我国天然气产量及增速见表 3-10。

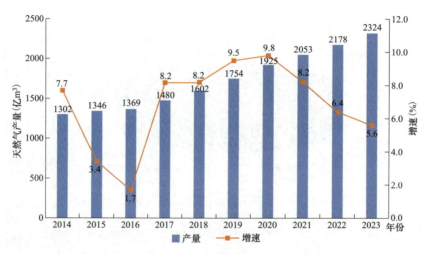

图 3-25　2014—2023 年我国天然气产量及增速

数据来源：国家统计局

表 3-10　　　　　　　　　2023 年我国天然气产量及增速

类别	产量（亿 m³）	增速（%）
天然气产量	2324	5.6
其中：页岩气产量	250	4.2
其中：煤层气产量	110	−4.0

数据来源：国家统计局、国家发改委

天然气产区主要集中于西部地区。2023 年长庆油田、塔里木油田、西南油气田、延长石油四大产区天然气生产量占全国天然气总量的 55.2%。其中，长庆油田生产天然气 500 亿 m³，占总产量的 20.8%；塔里木油田生产天然气 326 亿 m³，占总产量的 13.6%；西南油气田生产天然气 420 亿 m³，占总产量的 17.5%。2023 年我国主要产区天然气产量占比如图 3-26 所示。

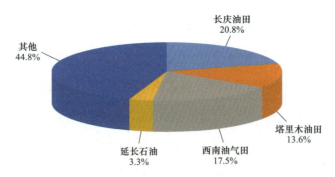

图 3-26　2023 年我国主要产气区天然气产量占比

数据来源：公开资料整理

3.3.3　天然气供需影响因素

（1）天然气价格。全球主要天然气市场价格跌幅明显。2023 年，全球天然气市场供需趋于宽松，国际气价恢复至乌克兰危机前水平，但欧亚气价仍处历史相对高位。荷兰产权转让设施（TTF）天然气现货年均价格 12.9 美元/百万英热单位，同比下跌 65.8%。亚洲市场供需整体宽松，叠加欧洲气价联动影响，年内东北亚 LNG 现货到岸均价 15.8 美元/百万英热单位，同比下跌 54.4%，与布伦特原油等热值比价由上年的 2.0:1 降至 1.1:1；全年东北亚 LNG（含长协和现货）到岸均价 13.5 美元/百万英热单位（3.4 元/m³），同比下跌 29.9%。美国本土需求增速明显放缓，产量再创新高，储气库库存持续高于往年同期水平，亨利中心（HH）天然气现货年均价格 2.54 美元/百万英热单位，同比下跌 60.5%。澳大利亚液化项目工人罢工、巴以冲突、红海危机等供应链风险事件频发，气价波动加剧。全球船运紧张形势较上年缓解，船运费整体回落。美国运往亚洲、欧洲年均船运费分别为 2.65 美元/百万英热单位（0.7 元/m³）、1.15 美元/百万英热单位（0.3 元/m³），同比分别下跌 27.9%、26.6%。

我国进口天然气价格同比回落。国内 LNG 市场整体呈现"价跌量增""海陆双增"的特点。受国际 LNG 价格下跌影响，海气供应恢复明显，与国产 LNG 形成激烈竞争。2023 年，全国 LNG 供应量 3607 万 t，其中国产 LNG 项目开工率为 49%~60%，平均开工率同比提高约 2 个百分点；LNG 进口量 984 亿 m³，同比增长 12.6%（上年为–19.5%），新签 LNG 长期购销协议连续三年保持相对高位，新履约长协合同量 914 万 t/年。国内 LNG 供应成本和需求变化是国内 LNG 出厂价格波动的两大因素。成本方面，2023 年进口 LNG 平均价格约 3.2 元/m³（含税，下同），相当于约 4400 元/t，同比下降 17.9%。2023 年上半年，国内 LNG 价格缺乏需求支撑，加之国际天然气价格整体回落，供暖季结束前即开始快速下跌，但是整体仍较往年同期偏高。下半年，LNG 需求不足压力持续显现，市场持观望态度，供暖季来临后，随着上游资源抽紧和气温下降，LNG 价格缓慢季节性上行。2023 年国内 LNG 出厂价格整体处于中高位水平，价格季节性规律基本恢复正常，全国 LNG 出厂价格平均约 4988 元/t，同比下降 27.7%。

2023 年月度进口天然气价格如图 3-27 所示。

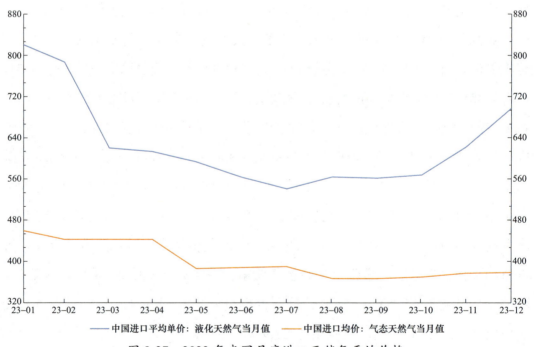

图 3-27 2023 年我国月度进口天然气平均价格

数据来源：海关总署

（2）供应能力及需求规模。美国 LNG 供应规模占比进一步提升。2023 年，俄乌冲突进入僵持阶段，加之欧盟继续压减用气，全球市场供应格局总体稳定，天然气供应量约 4.06 万亿 m³，同比增长 0.8%。2023 年，俄罗斯向欧洲出口的管道气在 6100 万～9600 万 m³/日，6 月下旬后基本维持在 8000 万 m³/日以上，未受到地缘局势的进一步扰动。三大出口国供应基本稳定，2023 年美国 LNG 供应量为 8952 万 t，同比增加 1025 万 t，占 2023 年全球 LNG 增量的 84%，主要增量来自 Freeport LNG（增长 632 万 t）和 Calcasieu Pass LNG（增长 355 万 t），其他液化项目供应变化不大，美国 LNG 出口主要目的地是欧洲，并向亚洲有所分散。澳大利亚 LNG 供应量为 7992 万 t，同比持平。卡塔尔 LNG 供应量为 8032 万 t，同比减少 76 万 t。全球 LNG 贸易量为 4.1 亿 t，同比增长 2.7%，基本满足了欧亚两大市场的 LNG 需求。

欧洲天然气消费量持续下降。欧洲地区年初欧盟成员国达成协议，同意将自愿减少 15% 天然气需求的目标延长一年，即在 2023 年 4 月 1 日—2024 年 3 月 31 日，将天然气消费量较 2017 年 4 月 1 日—2022 年 3 月 31 日的平均消费相比减少 15%。实际上，欧盟通过"协调、燃料转换、温度限制和宣传运动"自愿压减消费，欧盟 2023 年天然气消费量同比减少 260 亿 m³，同比下降 7%。北美地区，经济持续复苏叠加夏季厄尔尼诺现象导致的高温天气带来更多天然气需求，天然气消费量同比增加 259 亿 m³，同比增长 2.3%。亚洲地区，天然气消费量同比增加 280 亿 m³，同比增长 2.9%，增速较前几年（除 2020 年和 2022 年外）大为放缓。其中，中国经济恢复不及预期，加之天然气价格较高、冬季气温偏暖等原因，天然气消费恢复增长；日本和韩国经济恢复缓慢，重启核能以及加大替代能源的使用抑制了天然气消费；部分东南亚地区和印度等高度价格敏感买家因天然气价格回落重回市场。

（3）基础设施建设。油气"全国一张网"加快构建。2023 年，我国天然气长输管网覆盖范围不断扩大，互联互通加速，国家管网重大项目建设稳步推进。2023 年，国家管网新建主干油气管道里程突破 3300km，其中天然气管道占据大部分，"全国一张网"加快构建。新投运的长输管线主要有蒙西管道项目一期工程（天津—河北定兴）、中俄东线（山东泰安—江苏泰兴）、潜江—韶关输气管道广西支干线。新投运的长输管线将有利于优化环渤海地区天然气基础设施布局，进一步贯通东部能源通道以及改善中东部地区能源结构。年内西气东输四线天然气管道、川气东送二线天然气管道、中俄东线嫩江支线天然气管道工程陆续开工建设。

储气库建设加快推进。2023 年新投产辽河油田马 19、塔里木油田柯克亚、华北油田文 24、吐哈油田温吉桑等储气库。另有西南油气田铜锣峡、黄草峡在建，采用了边建边注气的建库模式，冀东油田南堡 1 号处于正式建库阶段。除此之外，大港油田大张坨、新疆油田呼图壁、西南油气田相国寺、华北油田京 58 和华北油田苏桥等在役储气库的达容达产、提压扩容工程也在稳步推进。截至 2023 年，我国已建地下储气库 30 座，形成调峰能力 230 亿 m^3，占天然气消费量的 5.8%。中国石油在役储气库 20 座，调峰能力 196 亿 m^3，占全国能力的 85%。2023 年，全国储气库新增储气能力 38 亿 m^3，近 20 年来增量首次突破 30 亿 m^3，不断为天然气保供增添底气。

LNG 接收能力增长，利用率持续下降。2023 年已经投运的 LNG 接收站有新天唐山 LNG 接收站、浙能温州 LNG 接收站、广州燃气 LNG 应急调峰气源站、北京燃气天津南港 LNG 应急储备项目和国家管网漳州 LNG 接收站共 5 座，全国 LNG 接收能力增加 1700 万 t/年至约 1.35 亿 t/年。潮州华瀛 LNG、中国石化青岛 LNG 三期、山东龙口等 LNG 项目取得重要进展。接收站利用率持续下降至 60%水平，或使处于规划状态的多个 LNG 接收站核准速度放缓。

3.3.4 天然气供需平衡情况

天然气供需缺口重新扩大。2023 年我国天然气生产与消费缺口达 1621 亿 m^3，同比扩大 176 亿 m^3。2014 年以来，天然气消费量增长较快，年均增长率 8.6%；而天然气产量年均增长率仅为 6.6%，比消费量年均增长率低 2 个百分点。由于 2023 年国内宏观经济形势转好，各行业天然气用量提升，2023 年我国天然气对外依存度重新提高，达 41.6%，比上年上升 0.8 个百分点。2014—2023 年我国天然气生产/消费及对外依存度情况如图 3-28 所示。

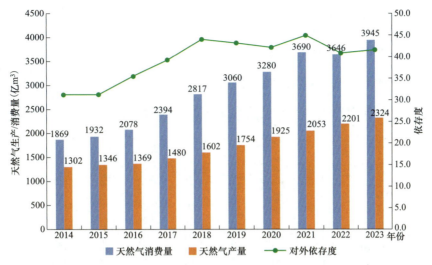

图 3-28　2014—2023 年我国天然气生产/消费情况

数据来源：国家统计局

天然气进口重新恢复增长。2023 年，全国进口天然气合计 1655 亿 m³，同比增长 8.9%，增速同比回升 18.8 个百分点。其中进口管道气 671 亿 m³，同比增加 39 亿 m³，增长 6.2%；进口 LNG 984 亿 m³，同比增加 109 亿 m³，增长 12.4%。其中，LNG 长协进口量约 835 亿 m³，同比增长 12.1%，LNG 现货进口量 149 亿 m³，同比增长 13.7%。2023 年年初，哈萨克斯坦和乌兹别克斯坦进口管道气发生了减供或临时断供。10 月后俄罗斯通过"中亚—中心"天然气管道经哈萨克斯坦向乌兹别克斯坦启动供气，中国石油与哈萨克斯坦天然气公司购销协议续签成功，至年底中亚管道气供应状况良好，减供情况较少，且多为气温因素扰动。同时，中俄东线在履行合同供气的基础上，新增年底前增加供应量的协议。中缅管道气供应量相对稳定。2014—2023 年中国天然气进口量如图 3-29 所示。

澳大利亚、土库曼斯坦分别是我国进口 LNG 及管道天然气第一大来源国。2023 年我国 LNG 进口来源国主要有澳大利亚、卡塔尔、俄罗斯、马来西亚、印度尼西亚、美国等。其中，澳大利亚仍是我国第一大 LNG 进口来源国，占进口总量的 33.9%，共计 2416 万 t，其次分别是卡塔尔、俄罗斯、马来西亚、印度尼西亚、美国，分别占进口总量的 23.4%、11.3%、9.9%、5.6%、4.4%。

我国管道气进口来源国为土库曼斯坦、俄罗斯、哈萨克斯坦、缅甸、乌兹别克斯坦。其中，土库曼斯坦是我国最大的管道气供应国，供应量为 2480 万 t，占比超过一半；俄罗斯提供了 1630 万 t 的管道气，占比超三成，哈萨克斯坦、乌兹别克斯坦和缅甸的管道气供应量均未超过 350 万 t，占比较小。

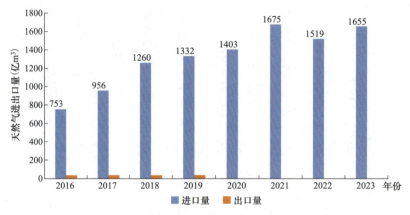

图 3-29　2014—2023 年我国天然气进口量

数据来源：海关总署

华北仍是我国液化天然气进口规模最大地区。2023 年华北、华东、华南地区液化天然气进口量占据前三位，其中华北地区进口 3974 万 t，占进口总量的55.8%；其次为华东地区，进口 1757 万 t，占进口总量的 24.7%；华南地区进口量居第三，进口 1330 万 t，占进口总量的 18.7%。2023 年我国各区域液化天然气进口量见表 3-11。

表 3-11　　　　　　　　2023 年我国各区域液化天然气进口量

序号	地区	进口量（万 t）	占比（%）
1	华北	3974	55.8
2	华东	1757	24.7
3	华南	1330	18.7
4	东北	56	0.8
5	西南	1	0
6	西北	0	——
7	华中	0	——

数据来源：海关总署

3.4　电力

3.4.1　电力需求

全社会用电需求保持增长，国民经济回升向好拉动电力消费增速提高。
2023 年，我国全社会用电量 9.2 万亿 kWh，同比增长 6.7%，增速同比提升 3.1
个百分点。全国人均用电量 6539kWh，比上年增加 423kWh。2014—2023 年我
国全社会用电量及增速如图 3-30 所示。

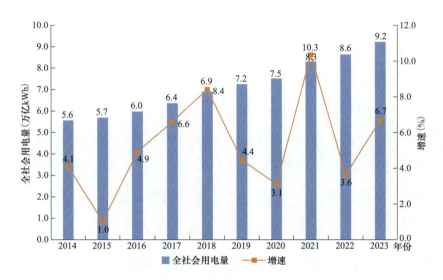

图 3-30　2014—2023 年我国全社会用电量及增速

数据来源：中国电力企业联合会

第一、二、三产业用电增长均提速，居民生活用电增速显著回落。第一产
业用电量延续快速增长势头，2023 年，第一产业用电量 1278 亿 kWh，同比增
长 11.5%；各季度同比分别增长 9.7%、14.2%、10.2% 和 12.2%。近年来电力企
业积极助力乡村振兴，大力实施农网巩固提升工程，完善乡村电力基础设施，
推动农业生产、乡村产业电气化改造，拉动第一产业用电保持快速增长；第二
产业受益于高技术及装备制造业快速发展及消费品制造回暖，用电量增速逐季

上升，2023 年用电量 6.07 万亿 kWh，同比增长 6.5%；得益于批发和零售业、住宿和餐饮业、租赁和商务服务业、交通运输/仓储和邮政业疫情后恢复态势明显，第三产业用电量恢复快速增长势头，2023 年第三产业用电量 1.67 万亿 kWh，同比增长 12.2%；2023 年城乡居民生活用电量 1.35 万亿 kWh，同比增长 0.9%，上年高基数是 2023 年居民生活用电量低速增长的重要原因。

第二产业用电占比小幅下降，第三产业用电占比提升最多。 2023 年，第一产业用电占全社会用电量的 1.4%，高于上年 0.1 个百分点；第二产业用电占全社会用电量的 65.8%，比上年下降 0.2 个百分点；第三产业用电占全社会用电量的 18.1%，比上年提高 0.9 个百分点；居民生活用电占全社会用电量的 14.6%，比上年下降 0.9 个百分点。

除华中及西南地区外，全国各地区用电增速不同程度提高。 2023 年，东北、华北、华东、华南、西北地区全社会用电量分别为 4775 亿 kWh、14 883 亿 kWh、32 170 亿 kWh、11 433 亿 kWh、10 321 亿 kWh，同比分别增长 5.1%、9.2%、5.9%、8.9%和 8.3%，增速同比分别提升 4.3 个百分点、5.0 个百分点、1.7 个百分点、9.0 个百分点、2.4 个百分点；华中、西南地区用电量分别为 9073 亿 kWh、9595 亿 kWh，增速分别为 3.2%、5.4%，增速同比分别回落 3.1 个百分点、0.5 个百分点。2023 年我国各地区用电量及增速见表 3-12。

表 3-12　　　　　　　　　2023 年我国各地区用电量及增速

排名	地区	用电量（亿 kWh）	增速（%）
1	东北	4775	5.1
2	华北	14 883	9.2
3	华东	32 170	5.9
4	华中	9073	3.2
5	华南	11 433	8.9
6	西南	9595	5.4
7	西北	10 321	8.3

数据来源：中国电力企业联合会

3.4.2 电力供应

（1）电力供给总体情况。**全国发电装机容量高速增长，可再生能源装机占比首次超过 50%，发电结构持续向绿色转型**。截至 2023 年年底，全国全口径发电装机 29.2 亿 kW，同比增长 13.9%，增速较上年提升 6.1 个百分点。其中火电装机 13.9 亿 kW，同比增长 4.1%，占装机总量的 47.6%，较上年下降 4.4 个百分点；核电装机 5691 万 kW，同比增长 2.4%，占装机总量的 1.9%，较上年下降 0.3 个百分点；水电、风电、太阳能发电等可再生能源发电装机 14.7 亿 kW，同比增长 25.6%，占装机总量的 50.4%，较上年提升 4.7 个百分点，首次超过50%。2014—2023 年我国发电装机总量及增速如图 3-31 所示，2014—2023 年我国发电装机结构如图 3-32 所示。

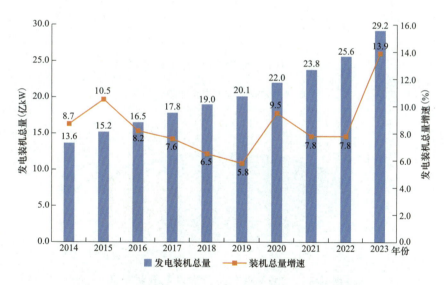

图 3-31 2014—2023 年我国发电装机总量及增速

数据来源：中国电力企业联合会

新增发电装机首次超过 3 亿 kW，新增可再生能源装机占比超 80%。2023年全国新增发电装机 36 907 万 kW，同比增长 84.8%。其中火电新增装机 6567万 kW，同比增长 46.9%，占新增发电装机总量的 17.8%，占比较上年下降 4.6个百分点；核电新增装机 139 万 kW，同比下降 39%，占新增发电装机总量的

0.4%，比上年下降 0.8 个百分点；可再生能源新增装机 30 202 万 kW（新增风电 7566 万 kW、新增光伏 21 602 万 kW、新增水电 1034 万 kW），同比增长 102.8%，占新增发电装机总量的 81.8%。2023 年我国新增发电装机结构如图 3-33 所示。

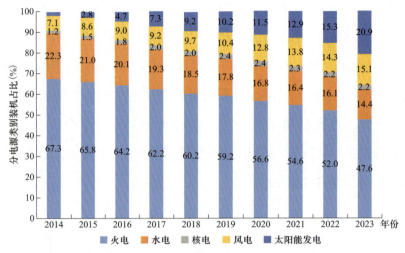

图 3-32　2014—2023 年我国发电装机结构

数据来源：中国电力企业联合会

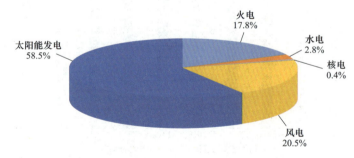

图 3-33　2023 年我国新增发电装机结构

数据来源：中国电力企业联合会

发电量稳定增长，煤电发挥基础保障作用，可再生能源发电量占比进一步提升。2023 年，全国全口径发电量 92 888 亿 kWh，同比增长 6.7%，增速同比提升 3.1 个百分点。分类型看，火电发电量 61 019 亿 kWh，同比增长 6.2%，占全国发电量的 65.7%，占比较上年下降 0.3 个百分点；核电发电量 4341 亿 kWh，同比增长 3.9%，占全国发电量的 4.7%，略低于上年 0.1 个百分点；可再生能源发电量 27 527 亿 kWh，同比增长 8.3%，占全国发电量的 29.6%，比上年提升 0.3 个百分点。2014—2023 年我国发电量及增速如图 3-34 所示，2014—2023 年我国发电量结构如图 3-35 所示。

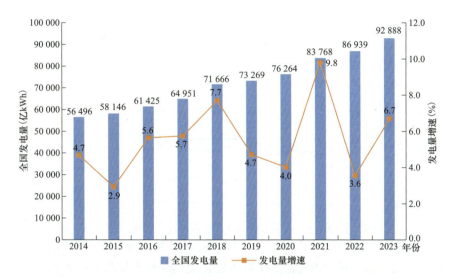

图 3-34　2014—2023 年我国发电量及增速

数据来源：中国电力企业联合会

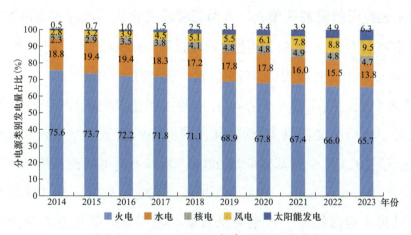

图 3-35　2014—2023 年我国发电量结构

数据来源：中国电力企业联合会

发电设备整体平均利用小时数小幅降低。2023 年全国 6000kW 及以上电厂发电设备平均利用小时数 3592h，同比减少 95h。其中，火电设备平均利用小时数 4466h，同比增加 87h；水电设备平均利用小时数 3133h，同比减少 279h；核电设备平均利用小时数 7670h，同比增加 54h；风电设备平均利用小时数 2225h，同比增加 4h；太阳能发电设备平均利用小时数 1286h，同比减少 51h。2014—2023 年我国 6000kW 及以上电厂发电设备平均利用小时数如图 3-36 所示。

图 3-36　我国 6000kW 及以上电厂发电设备平均利用小时数

数据来源：中国电力企业联合会

电源工程建设投资高速增长，电网工程建设投资实现稳定连续增长。2023 年，全国主要电力企业电力工程建设完成投资 14 950 亿元，同比增长 20.1%。其中，电源工程建设完成投资 9675 亿元，同比增长 30.1%；电网工程建设完成投资 5275 亿元，同比增长 5.4%。在电源工程建设完成投资中，水电完成投资 991 亿元，火电完成投资 1029 亿元，核电完成投资 949 亿元，风电完成投资 2564 亿元。2023 年全国基建新增 220kV 及以上输电线路长度和变电设备容量分别为 3.8 万 km 和 2.6 亿 kVA，分别比上年减少 557km 和 354 万 kVA。

（2）可再生能源供给。水电装机容量小幅增长，发电量增速由正转负。 2023 年全国水电新增装机 758 万 kW，同比下降 68%，增速同比回落 70 个百分点，累计装机达 4.2 亿 kW；水电发电量 1.28 万亿 kWh，同比下降 5.0%，增速同比回落 6.1 个百分点，主要受年初主要水库蓄水不足以及上半年降水持续偏少影响。2014—2023 年我国水电装机容量及增速如图 3-37 所示，2014—

2023 年我国水电发电量及增速如图 3-38 所示。

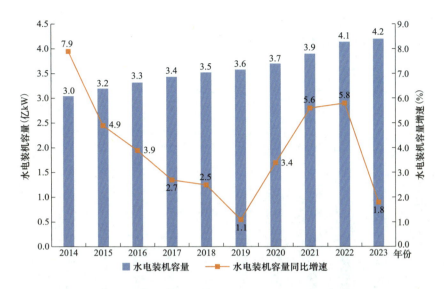

图 3-37　2014—2023 年我国水电装机容量及增速

数据来源：中国电力企业联合会

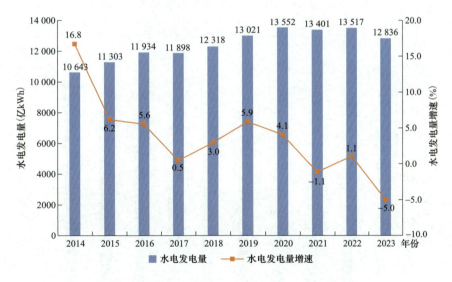

图 3-38　2014—2023 年我国水电发电量及增速

数据来源：中国电力企业联合会

风电新增装机翻倍式增长，发电量保持高速增长。2023 年，风电新增并网装机 7570 万 kW，同比增长 101.1%，累计并网装机达 4.4 亿 kW（海上风电 3729

万 kW、陆上风电 4.0 亿 kW）。2023 年风电发电量 8858 亿 kWh，同比增长 16.2%，增速同比下降 0.1 个百分点。2014—2023 年我国风电装机容量及增速如图 3-39 所示，2014—2023 年我国风电发电量及结构如图 3-40 所示。

图 3-39　2014—2023 年我国风电装机容量及增速

数据来源：中国电力企业联合会

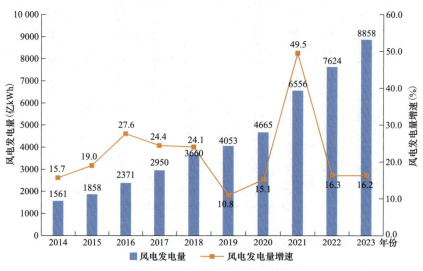

图 3-40　2014—2023 年我国风电发电量及增速

数据来源：中国电力企业联合会

华北地区风电装机占比大幅提升。2023 年华北地区新增风电装机容量最大，达 2949 万 kW，同比大幅增长 134.6%，占全国新增风电装机容量的比重提升至 39%；其次是西北地区 1556 万 kW，同比增长 94.6%，占全国新增风电装机容量的比重 20.6%；西南地区 881 万 kW，排第三位，同比增长 295.8%；华东地区 642 万 kW、东北地区 571 万 kW、华南地区 564 万 kW、华中地区 406 万 kW，分列第四至第七位，同比分别增长 11.4%、−15.7%、60.6% 和 94.9%，除东北地区外均有不同程度增长。2023 年我国分区域新增风电装机占比如图 3-41 所示。

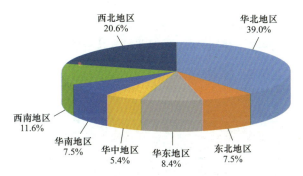

图 3-41　2023 年我国分区域新增风电装机占比

数据来源：中国电力企业联合会

弃风率小幅下降。2023 年我国弃风电量约 239 亿 kWh，弃风率 2.7%，同比下降 0.5 个百分点。全国 12 省市风光利用率达到 100%，全国风电利用率为 97.3%，弃风最严重的地区为蒙西地区，风电利用率仅有 93.2%；其次为青海、河北，风电利用率均低于 95%。从区域情况来看，2023 年，蒙西、青海、河北、蒙东等地区弃风电量和弃风率较高，四个地区 2023 年弃风率分别为 6.8%、5.8%、5.7% 和 5%，但均较上年转好。2015—2023 年我国弃风电量和弃风率见图 3-42。

太阳能发电装机和发电量增长提速。2023 年受政策利好及光伏面板降价等因素影响，太阳能发电新增装机 21 681 万 kW，同比增长 148%，增速同比提高 89 个百分点；累计装机总量达 6.1 亿 kW，同比增长 55.2%。并网太阳能发电量 5833 亿 kWh，同比增长 36.4%，增速同比提高 5.6 个百分点。2014—2023 年我国太阳能发电装机及增速如图 3-43 所示，2014—2023 年我国太阳能发电量及增速如图 3-44 所示。

图 3-42　2015—2023 年我国弃风电量和弃风率

数据来源：国家能源局、全国新能源消纳监测预警中心

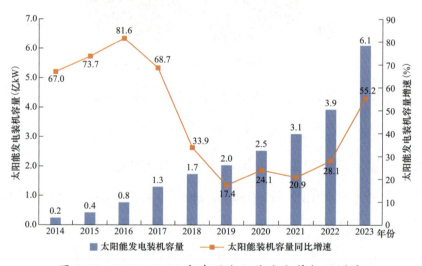

图 3-43　2014—2023 年我国太阳能发电装机及增速

数据来源：中国电力企业联合会

七大区域新增太阳能发电装机容量均成倍增长。2023 年华东地区新增太阳能发电装机容量蝉联全国第一位，达 6026 万 kW，同比增长 89.0%；其次是西北地区新增装机 4599 万 kW，同比增长 316.2%；华中、华北、西南地区新增装机分别为 3726 万 kW、3259 万 kW、2285 万 kW，位列第三至第五位，同比分别增长 174.8%、134.6%、305.3%。华南、东北地区新增光伏装机 1729 万 kW、520 万 kW，分别增长 96.4%、101%。2023 年我国分区域太阳能发电新增装机

占比如图 3-45 所示。

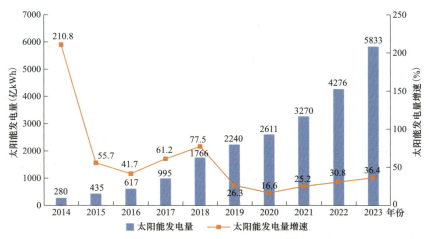

图 3-44　2014—2023 年我国太阳能发电量及增速

数据来源：中国电力企业联合会

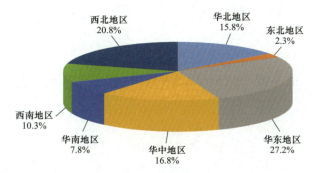

图 3-45　2023 年我国分区域太阳能发电新增装机占比

数据来源：中国电力企业联合会

弃光率小幅上升。2023 年全国弃光电量约 117 亿 kWh，弃光率升至 2.0%，同比上涨 0.3 个百分点。甘肃、河北、山西、吉林等地光伏消纳水平显著提升，青海、蒙西、陕西、新疆光伏利用率同比降幅较大。分地区看，弃光率超过 3% 的地区有蒙西、陕西、甘肃、青海、宁夏、新疆、西藏，其中西藏光伏消纳率仍不乐观，仅为 78%。2015—2023 我国年弃光电量及弃光率如图 3-46 所示。

生物质发电保持稳定增长。2023 年我国生物质发电新增装机 279 万 kW，累计装机达 4414 万 kW，同比增长 6.7%，增速同比回落 1.8 个百分点；发电量 1993 亿 kWh，同比增长 8.2%，增速同比回落 2.7 个百分点。生物质能累计装机容量排名前五的省份是广东、山东、江苏、浙江、黑龙江，几乎占全国装机规模的一半。2014—2023 年我国生物质发电装机及增速如图 3-47 所示，2014—2023 年我国生物质发电量及增速如图 3-48 所示。

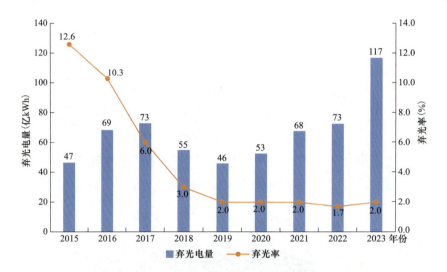

图 3-46　2015—2023 年我国弃光电量及弃光率

数据来源：国家能源局、全国新能源消纳监测预警中心

图 3-47　2014—2023 年我国生物质发电装机及增速

数据来源：国家统计局、国家能源局

图 3-48　2014—2023 年我国生物质发电量及增速

数据来源：国家统计局、国家能源局

3.4.3　电力供需影响因素

（1）产业升级发展。**新兴产业用电成为电力需求新增长极**。2023 年，我国高技术及装备制造业用电量同比增长 11.3%，领先制造业整体水平 3.9 个百分点。高技术及装备制造业用电量快速增长，而用电量占比较高的钢铁、建材等高载能产业增速放缓，我国制造业转型升级趋势明显。新兴产业中，光伏设备制造用电量同比增长 76.8%，新能源整车制造用电量同比增长 38.8%，充换电服务业用电量同比增长 78.1%，展现出极强的增长态势，已成为当前及下阶段我国用电需求增长的主要增长极之一。

（2）经济结构调整。**经济结构持续优化，内需压力增大**。2023 年我国 GDP 同比增长 5.2%，分产业看，第一产业同比增长 4.1%，第二产业同比增长 4.7%，第三产业同比增长 5.8%。经济结构持续优化趋势，第一产业、第二产业、第三产业 GDP 占全国 GDP 分别为 7.1%、38.3%、54.6%，比上年分别增长−0.2 个百分点、−1.6 个百分点、1.8 个百分点。受此影响，第一产业、第二产业、第三产业用电占全国用电分别调整为 1.4%、65.8%、18.1%。年内受美国加息、地产行业景气度下降等因素影响，导致经济复苏动力不足，国内需求持续收缩，而用电需求在产业结构调整、气温偏高、电能替代的影响下保持较快增长，导致电力弹性系数进一步上升至 1.3，短期出现波动上涨。

（3）极端气候影响。**夏季极端高温天气频发导致部分地区负荷激增。**2023 年 5 月南方电网区域负荷攀升至 2.22 亿 kW，接近历史最高。其中，广东最高负荷达到 1.38 亿 kW，日均空调负荷达到 4500 万 kW 左右，已和 2022 年 7 月份高温时段的负荷基本持平。6 月下旬端午节期间，华北、黄淮地区出现 40℃高温干热。根据国家气候中心测算，2023 年夏季全国大部地区气温接近常年同期或偏高 0.5℃以上。研究表明南方五省区气象敏感负荷与累积最高温度的相关性最高，以 2023 年数据进行测算，当累积最高温度均值在 30～33℃，最高温度均值每变化 1℃，气温敏感负荷变化约 450 万 kW；累积最高温度均值大于 33℃后，最高温度均值每变化 1℃，气温负荷变化将达到 560 万 kW，由极端高温带来的负荷阶跃式增长将大大增加系统保供压力。

（4）电源建设。**煤机可靠性下降加大保供风险。**近年煤电企业持续亏损，技改检修投入不足，煤机设备风险隐患上升；煤质下降，偏离设计煤种，导致锅炉燃烧稳定性差、出力不足、锅炉易发生故障；部分省份煤机启停调峰，损害机组的安全运行，存量煤机的可靠性下降，增加了电力供应的不确定性。随着新能源尤其是光伏装机的快速增长，煤电开始承担起更多的调峰任务；部分省份当所有在运煤电在其可调出力范围内无法满足调节需求时，采用启停煤电机组的方式调峰。未来随着新能源渗透率进一步提升，煤机频繁启停的态势有可能蔓延开来，成为新常态。启停调峰和深度调峰可能导致煤机设备故障、影响设备寿命、降低运行经济性、增大环保风险、机组启停有误操作风险等。在电力供需趋紧的大背景下，迎峰度冬/夏时，部分省份即使煤机应发尽发，尚且可能无法完全满足需求；如果部分煤机因可靠性下降发生故障，电力缺口将扩大。

（5）低碳转型及电能替代。**绿色低碳转型成效显著。**2023 年，国内终端用能电气化水平不断提升，工业、交通、建筑等重点行业电能替代持续推进。2023 年，工业部门电气化率达到 27.6%，战略性新兴产业用电高速增长。建筑部门电气化率达到 48.1%，热泵、电制冷、供暖的应用场景不断深化。交通部门电气化率达到 4.3%，新能源汽车渗透率超过 35%，累计建成充电基础设施 859.6 万台，同比增加 65%，已建成世界上数量最多、辐射面积最广的充电基础设施体系。当前，我国电能占终端能源消费比重提升至约 28%，处于国际前列，各领域电能替代不断深入会进一步提高电力需求。

3.4.4　电力供需平衡情况

全国电力供需总体紧平衡，部分地区用电高峰时段电力供需偏紧。2023 年电力系统安全稳定运行，全国电力供需总体平衡，电力保供取得好成效。年初，受来水偏枯、电煤供应紧张、用电负荷增长等因素叠加影响，云南、贵州、蒙西等少数省级电网在部分时段电力供需形势较为紧张，通过源网荷储协同发力，守牢了民生用电安全底线。夏季，各相关政府部门及电力企业提前做好了充分准备，迎峰度夏期间全国电力供需形势总体平衡，各省级电网均未采取有序用电措施，创造了近年来迎峰度夏电力保供最好成效。冬季，12 月多地出现大范围强寒潮、强雨雪天气，电力行业企业全力应对雨雪冰冻，全国近十个省级电网电力供需形势偏紧，部分省级电网通过需求侧响应等措施，保障了电力系统安全稳定运行。2014—2023 年我国发/用电量如图 3-49 所示，2023 年我国分地区发/用电量如图 3-50 所示。

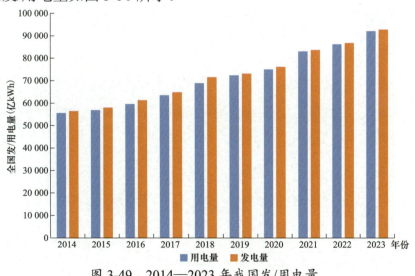

图 3-49　2014—2023 年我国发/用电量

数据来源：中国电力企业联合会

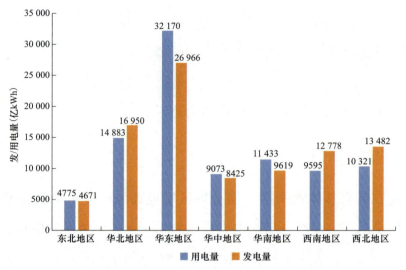

图 3-50　2023 年我国分地区发/用电量

数据来源：中国电力企业联合会

第 4 章

南方五省区宏观经济形势及能源供需概况

4.1　南方五省区宏观经济形势

南方五省区❶经济增速小幅回升。2023 年，南方五省区 GDP 总量（现价）22.1 万亿元，同比增长 4.8%，增速同比提升 2.5 个百分点，低于全国 0.4 个百分点。广东、广西、云南、贵州和海南 GDP 同比分别增长 4.8%、4.1%、4.4%、4.9% 和 9.2%，增速同比分别提升 2.8 个百分点、1.3 个百分点、0.2 个百分点、3.8 个百分点、8.8 个百分点，其中海南增速较全国平均水平高 4.0 个百分点。按 2010 年为基期的不变价格计算，2014—2023 年，南方五省区 GDP 年均增长 6.2%，占全国比重由 2014 年的 16.8% 上升至 2023 年的 17.6%。2014—2023 年南方五省区 GDP 总量及增速见表 4-1。

表 4-1　2014—2023 年南方五省区 GDP 总量（现价）及增速（亿元，%）

年份	2014	2015	2016	2017	2018	2019	2020	2021	2022	2023
广东	68 173	74 732	82 163	91 649	99 945	107 987	111 152	124 720	129 514	135 673
增速	7.8	8.0	7.5	7.5	6.8	6.2	2.3	8.1	2.0	4.8
广西	13 588	14 798	16 117	17 791	19 628	21 237	22 121	25 209	26 186	27 202
增速	8.3	7.9	7.0	7.1	6.8	6.0	3.7	7.9	2.8	4.1
云南	14 042	14 960	16 369	18 486	20 881	23 224	24 556	27 162	28 556	30 021
增速	8.1	8.7	8.7	9.5	8.9	8.1	4.0	7.3	4.2	4.4
贵州	9173	10 541	11 792	13 605	15 353	16 769	17 860	19 459	20 010	20 913
增速	10.8	10.7	10.5	10.2	9.1	8.3	4.5	8.1	1.1	4.9
海南	3449	3734	4090	4498	4911	5331	5566	6504	6890	7551
增速	8.6	7.8	7.5	7.0	5.8	5.8	3.5	11.3	0.4	9.2
五省区合计	108 425	118 765	130 531	146 028	160 718	174 548	181 255	203 053	211 156	221 361
增速	9.7	9.5	9.9	11.9	10.1	8.6	3.8	12.0	4.0	4.8

数据来源：国家统计局

---

❶　本报告中南方五省区指南方电网供电区域，即广东、广西、云南、贵州、海南五省区。

海南 GDP 占南方五省区比重与上年相比有大幅提升。2023 年，广东、云南、贵州 GDP 占南方五省区 GDP 总量的比重分别为 61.3%、13.6%、9.4%，占比与上年同期相比基本持平；广西占南方五省区 GDP 总量的比重与上年同期相比略有下降，占比 12.3%，同比下降 0.1 个百分点；海南占南方五省区 GDP 总量的比重与上年相比有所提升，占比为 4.2%，同比提升 1.0 个百分点。2014 年以来，广东、广西 GDP 占南方五省区经济总量比重总体呈现下降趋势；云南、贵州 GDP 占南方五省区经济总量比重总体呈上升趋势；海南 GDP 占南方五省区经济总量比重 2014—2022 年基本平稳，在 2023 年有较大幅度的提升。2014—2023 年南方五省区 GDP 占比如图 4-1 所示。

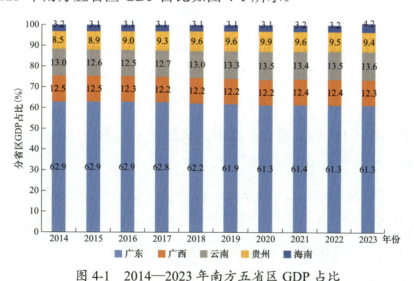

图 4-1　2014—2023 年南方五省区 GDP 占比

数据来源：国家统计局

南方五省区产业结构持续优化，广东、海南第三产业占比高于全国水平（52.8%）。2023 年，广东、广西、云南、贵州、海南第二产业占本省 GDP 比重分别为 40.1%、32.8%、34.2%、35.0%、19.2%，同比下降分别为 0.5 个百分点、0.9 个百分点、1.3 个百分点、0.3 个百分点、–0.2 个百分点，南方五省区第二产业占比均低于全国平均水平，分别低于全国第二产业占比的 1.7 个百分点、9.0 个百分点、7.6 个百分点、6.8 个百分点、22.6 个百分点。广东、广西、云南、贵州、海南第三产业占比分别为 55.8%、50.8%、51.8%、51.2%、60.9%，

中国能源供需报告（2024 年）

占比同比分别提升 0.6 个百分点、0.8 个百分点、1.3 个百分点、0.7 个百分点、0.4 个百分点，其中，广东、海南第三产业占比高于全国平均水平的 1.5 个百分点、6.6 个百分点。2023 年南方五省区经济结构如图 4-2 所示。

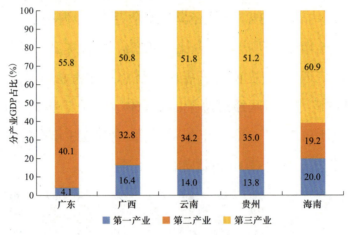

图 4-2　2023 年南方五省区经济结构

数据来源：国家统计局

五省区人均 GDP 均呈现上升趋势。2023 年，广东、广西、云南、贵州、海南人均 GDP 分别为 106 985 元、54 005 元、64 107 元、54 172 元、72 958 元，同比分别增加 4768 元、2069 元、3239 元、2251 元、5644 元。广东高于全国平均水平 17 627 元，广西、云南、贵州、海南分别比全国平均水平低 35 353 元、25 251 元、35 186 元、16 400 元。2014—2023 年南方五省区及全国人均 GDP 如图 4-3 所示。

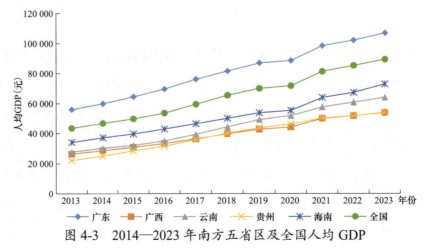

图 4-3　2014—2023 年南方五省区及全国人均 GDP

4.2　南方五省区能源供需[❶]

4.2.1　南方五省区能源需求

南方五省区能源消费总量延续增长态势，占全国比重略有下降。 2022 年，南方五省区能源消费总量 7.7 亿 t 标准煤，同比增长 0.6%，增速同比下降 7.6 个百分点，低于 2022 年全国能源消费增速 2.3 个百分点，占全国能源消费的 14.2%，占全国能源消费总量较 2021 年下降 0.4 个百分点。2013—2022 年，南方五省区能源消费年平均增长率为 3.8%。2013—2022 年南方五省区能源消费总量、增速及占全国比重如图 4-4 所示。

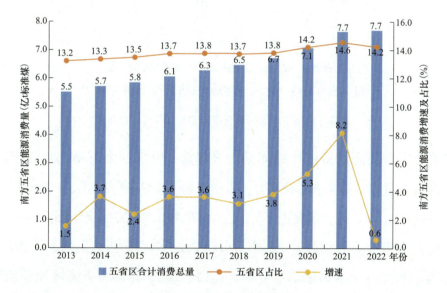

图 4-4　2013—2022 年南方五省区能源消费总量、增速及占全国比重

数据来源：各省统计局、发改委

南方五省区非化石能源消费占比进一步提升，大幅高于全国平均水平。

[❶] 南方五省区能源总体情况数据及煤炭、石油、天然气生产消费数据来源于《中国能源统计年鉴》及南方五省区各省统计年鉴，目前官方数据只更新到 2022 年，因此 4.2～4.5 节中着重对 2013—2022 年南方五省区能源数据进行统计分析。

2022 年，南方五省区煤炭消费占能源消费总量的 41.4%，同比下降 1.3 个百分点，低于全国 13.2 个百分点；石油消费占能源消费总量的 21.2%，同比下降 0.4 个百分点，高于全国 3.5 个百分点；天然气消费占能源消费总量的 7.8%，与上年基本持平，低于全国 0.5 个百分点；非化石能源消费占能源消费总量的 29.6%，同比增长 1.6 个百分点，高于全国（**17.5%**）12.1 个百分点。2013—2022 年南方五省区能源消费结构如图 4-5 所示。

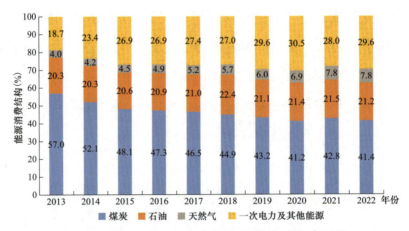

图 4-5　2013—2022 年南方五省区能源消费结构

数据来源：根据《中国能源统计年鉴》及各省统计年鉴折算

广东、广西能源消费占比总体呈上升趋势，贵州占比下降。2022 年，广东、广西、云南、贵州、海南能源消费总量分别为 3.6 亿 t 标准煤、1.3 亿 t 标准煤、1.4 亿 t 标准煤、1.1 亿 t 标准煤、0.2 亿 t 标准煤。与 2013 年相比，广东、广西能源消费占全国比重分别提升 2.2 个百分点、0.5 个百分点，贵州下降 2.7 个百分点，云南、海南占全国比重基本持平。2013—2022 年南方五省区能源消费总量占比如图 4-6 所示，2013—2022 年南方五省区能源消费总量及增速见表 4-2。

表 4-2　　　　　　2013—2022 年南方五省区能源消费总量

及增速（亿 t 标准煤，%）

年份	2013	2014	2015	2016	2017	2018	2019	2020	2021	2022
广东	2.5	2.6	2.7	2.8	2.9	3.0	3.1	3.3	3.6	3.6
增速	−2.3	3.9	1.9	3.6	3.5	3.1	3.2	5.4	10.4	0.0

续表

年份	2013	2014	2015	2016	2017	2018	2019	2020	2021	2022
广西	0.9	1.0	1.0	1.0	1.0	1.1	1.1	1.2	1.3	1.3
增速	−0.6	4.6	2.6	3.4	3.6	3.5	4.1	4.8	11.7	0.1
云南	1.0	1.1	1.0	1.1	1.1	1.2	1.2	1.3	1.3	1.4
增速	−3.5	3.8	−0.9	2.9	4.1	4.4	4.9	6.8	3.4	5.5
贵州	0.9	1.0	0.9	1.0	1.0	1.0	1.0	1.1	1.1	1.1
增速	−5.9	4.4	2.5	2.8	2.5	1.9	3.9	1.9	7.3	−2.5
海南	0.2	0.2	0.2	0.2	0.2	0.2	0.2	0.2	0.2	0.2
增速	1.9	5.8	6.5	3.5	4.8	3.2	4.3	0.3	7.7	−0.9
合计	5.5	5.7	5.8	6.1	6.3	6.5	6.7	7.0	7.7	7.7
增速	−2.7	4.1	1.7	3.3	3.5	3.2	3.8	4.8	8.8	0.6

数据来源：《中国能源统计年鉴》及各省统计年鉴

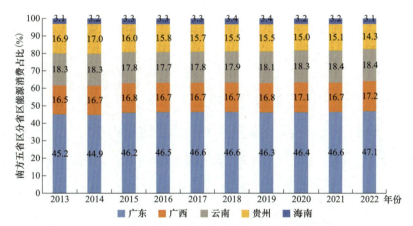

图 4-6　2013—2022 年南方五省区能源消费总量占比

数据来源：各省统计局、发展改革委

4.2.2　南方五省区能源供应

南方五省区一次能源生产总量稳定增长。2022 年，南方五省区一次能源生产总量 4.1 亿 t 标准煤，同比增长 5.2%，增速同比提高 1.4 个百分点，低于全国 2022 年一次能源生产增速 3.5 个百分点，占全国一次能源生产量的 8.9%，占比较上年下降 0.3 个百分点。2013—2022 年南方五省区一次能源产量年平均增长率 1.6%。2013—2022 年南方五省区一次能源生产总量、增速及占全国比重如图 4-7 所示。

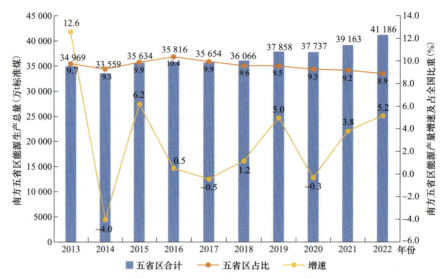

图 4-7　2013—2022 年南方五省区一次能源生产总量、增速及占全国比重

数据来源：《中国能源统计年鉴》及各省统计年鉴

非化石能源产量占比逐年提升。2022 年，南方五省区原煤产量 13 730 万 t 标准煤，同比增长 2.6%，占一次能源生产总量比重为 33.3%，比上年下降 0.8 个百分点；原油产量 2866 万 t 标准煤，同比增长 9.7%，占一次能源生产总量比重为 7.0%，比上年提升 0.3 个百分点；天然气产量 2149 万 t 标准煤，同比增长 12.4%，占一次能源生产总量比重为 5.2%，比上年提升 0.3 个百分点；一次电力及其他能源产量 22 440 万 t 标准煤，同比增长 5.6%，占一次能源生产总量比重为 54.5%，比上年增长 0.2 个百分点。2013—2022 年南方五省区一次能源生产结构如图 4-8 所示，2013—2022 年南方五省区分品类一次能源产量及增速见表 4-3。

云南、贵州为南方五省区一次能源主要产地。2022 年广东、广西、云南、贵州、海南一次能源生产总量分别为 9647 万、4041 万、15 704 万、10 990 万、804 万 t 标准煤，同比分别增长 8.5%、15.6%、7.8%、–5.6%、42.6%，占南方五省区一次能源生产总量的比重分别为 23.4%、9.8%、38.1%、26.7%、2.0%。

2014 年以来，广东、广西、云南、海南一次能源生产总量占南方五省区比重总体呈上升趋势，贵州一次能源生产总量占南方五省区比重逐年下降。2013—2022 年南方五省区一次能源产量占比如图 4-9 所示，2013—2022 年南方五省区一次能源产量及增速见表 4-4。

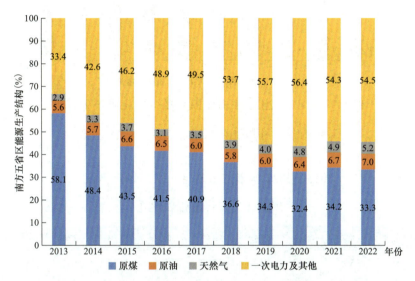

图 4-8　2013—2022 年南方五省区一次能源生产结构

数据来源：《中国能源统计年鉴》及各省统计年鉴

表 4-3　　　　　　2013—2022 年南方五省区分品类

一次能源产量及增速（万 t 标煤，%）

年份		2013	2014	2015	2016	2017	2018	2019	2020	2021	2022
原煤	产量	20 333	16 228	15 514	14 872	14 594	13 189	12 986	12 239	13 384	13 730
	增速	2.2	−20.2	−4.4	−4.1	−1.9	−9.6	−1.5	−5.8	9.4	2.6
原油	产量	1946	1904	2362	2333	2156	2108	2269	2418	2613	2866
	增速	10.7	−2.1	24.0	−1.2	−7.6	−2.2	7.6	6.6	8.1	9.7
天然气	产量	1023	1124	1304	1104	1241	1398	1526	1806	1912	2149
	增速	−8.5	9.9	16.0	−15.4	12.4	12.7	9.2	18.4	5.8	12.4
一次电力	产量	11 654	14 326	16 434	17 513	17 672	19 382	21 070	21 274	21 254	22 440
	增速	40.5	22.6	15.0	6.4	0.9	9.7	8.8	0.9	−0.1	5.6

数据来源：《中国能源统计年鉴》及各省统计年鉴

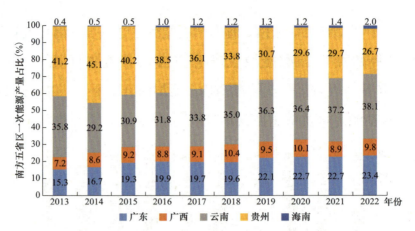

图 4-9　2013—2022 年南方五省区一次能源产量占比

数据来源：《中国能源统计年鉴》及各省统计年鉴

表 4-4　　　　　　2013—2022 年南方五省区一次能源产量及

增速（万 t 标准煤，%）

年份	2013	2014	2015	2016	2017	2018	2019	2020	2021	2022
广东	5365	5595	6863	7138	7037	7079	8377	8563	8893	9647
增速	5.4	4.3	22.7	4.0	−1.4	0.6	18.3	2.2	3.9	8.5
广西	2517	2870	3274	3147	3255	3757	3605	3800	3496	4041
增速	18.2	14.0	14.1	−3.9	3.4	15.4	−4.1	5.4	−8.0	15.6
云南	12 532	9805	11 005	11 382	12 060	12 619	13 751	13 731	14 571	15 704
增速	18.5	−21.8	12.2	3.4	6.0	4.6	9.0	−0.1	6.1	7.8
贵州	14 404	15 136	14 323	13 791	12 888	12 186	11 630	11 171	11 640	10 990
增速	9.7	5.1	−5.4	−3.7	−6.5	−5.4	−4.6	−3.9	4.2	−5.6
海南	151	153	169	358	413	425	494	471	564	804
增速	12.7	1.3	−2.6	121.5	16.4	10.4	15.1	−4.6	19.6	42.6
五省区合计	34 969	33 559	35 634	35 816	35 654	36 066	37 858	37 737	39 163	41 186
增速	12.6	−4.0	6.1	0.5	−0.5	1.2	5.0	−0.3	3.8	5.2

数据来源：《中国能源统计年鉴》及各省统计年鉴

4.2.3　南方五省区能源供需平衡情况

南方五省区一次能源产能有限，能源自给率有所回升。2022 年，南方五省区一次能源生产总量 4.1 亿 t 标准煤，远低于能源消费量 7.7 亿 t 标准煤，能源自给率为 53.5%，较 2021 年提高 2.4 个百分点。分省区看，云南一次能源生产能力高于消费需求，贵州能源供需基本一致，广东、广西、海南能源供给主要依赖进口或省外调入，能源自给率分别为 26.6%、30.6%、33.2%。2013—2022 年南方五省区能源供需情况如图 4-10 所示，2022 年南方五省区能源供需情况如图 4-11 所示。

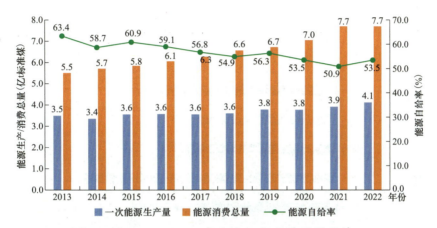

图 4-10　2013—2022 年南方五省区能源供需情况

数据来源：《中国能源统计年鉴》及各省统计年鉴

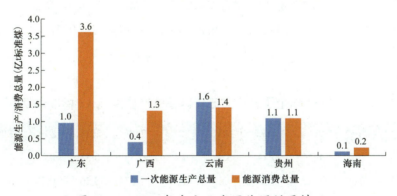

图 4-11　2022 年南方五省区能源供需情况

数据来源：《中国能源统计年鉴》及各省统计年鉴

4.2.4　南方五省区能源关键指标

南方五省区整体能源利用效率高于全国平均水平。2022 年，南方五省区单位产值能耗 0.48t 标准煤/万元（2010 年可比价），明显低于全国 0.61t 标准煤/万元的平均水平。其中，2022 年广东、海南单位产值能耗分别为 0.35t 标准煤/万元、0.51t 标准煤/万元，单位产值能耗分别较全国平均水平低 0.26t 标准煤/万元、0.10t 标准煤/万元；广西、云南、贵州单位产值能耗为 0.66t 标准煤/万元、0.67t 标准煤/万元、0.82t 标准煤/万元，单位产值能耗分别高于全国 0.05t 标准煤/万元、0.06t 标准煤/万元、0.21t 标准煤/万元。2022 年全国及南方五省区单位产值能耗如图 4-12 所示，2013—2022 年南方五省区及全国单位产值能耗见表 4-5。

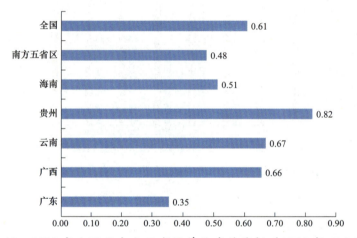

图 4-12　2022 年全国及南方五省区单位产值能耗（2010 年可比价）

数据来源：根据国家统计局数据折算

表 4-5　　2013—2022 年全国及南方五省区单位产值能耗（t 标准煤/万元）

年份	2013	2014	2015	2016	2017	2018	2019	2020	2021	2022
广东	0.48	0.46	0.44	0.42	0.40	0.39	0.38	0.35	0.36	0.35
广西	0.69	0.67	0.63	0.61	0.59	0.57	0.56	0.57	0.60	0.66
云南	0.97	0.93	0.85	0.81	0.76	0.73	0.71	0.73	0.71	0.67
贵州	1.37	1.29	1.13	1.05	0.97	0.91	0.87	0.85	0.85	0.82
海南	0.62	0.61	0.60	0.58	0.56	0.55	0.54	0.53	0.51	0.51
南方五省区	0.63	0.61	0.57	0.55	0.53	0.50	0.49	0.48	0.48	0.48
全国	0.79	0.76	0.71	0.68	0.65	0.63	0.62	0.62	0.61	0.61

数据来源：根据国家统计局数据折算

广东、海南单位产值电耗低于全国平均水平。2022 年，南方五省区单位产值耗电量 911kWh/万元，低于全国 59.0kWh/万元。分省区看，广东、海南单位产值电耗 769kWh/万元、878kWh/万元，单位产值耗电量低于全国 202Wh/万元、93kWh/万元；广西、云南、贵州单位产值电耗分别为 1101kWh/万元、1129kWh/万元、1306kWh/万元，单位产值耗电量分别高于全国 130kWh/万元、158kWh/万元、335kWh/万元。广东、广西、贵州单位产值耗电量同比下降 15.0kWh/万元、40.7kWh/万元、13.5kWh/万元，云南、海南单位产值耗电量同比回升 76.3kWh/万元、19.1kWh/万元。2022 年全国及南方五省区单位产值电耗如图 4-13 所示，2013—2022 年全国及南方五省区单位产值电耗见表 4-6。

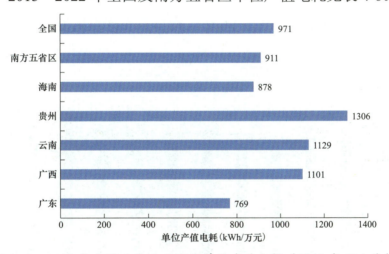

图 4-13　2022 年全国及南方五省区单位产值电耗（2010 年可比价）

数据来源：根据国家及各省统计局数据折算

表 4-6　2013—2022 年全国及南方五省区单位产值电耗（kWh/万元）

年份	2013	2014	2015	2016	2017	2018	2019	2020	2021	2022
广东	812	816	767	753	744	740	738	746	784	769
广西	1071	1046	988	942	934	1031	1089	1115	1141	1101
云南	1321	1280	1108	1000	995	997	996	1070	1053	1129
贵州	1700	1600	1445	1383	1400	1373	1318	1298	1320	1306
海南	854	854	855	839	833	844	866	854	859	878
南方五省区	978	970	899	867	862	871	874	892	917	911
全国	1017	986	943	927	923	938	930	943	962	971

数据来源：根据国家及各省统计局数据折算

4.3　南方五省区煤炭供需

4.3.1　南方五省区煤炭需求

南方五省区煤炭消费总量回落。2022 年南方五省区煤炭消费量 5.07 亿 t，同比下降 1.0%，增速同比下降 12.6 个百分点。2011 年以来，南方五省区煤炭消费量总体呈下降趋势，2015 年达到近十年内最低消费水平，2016—2020 年煤炭消费量基本维持在 4.5 亿 t 左右，2021 年煤炭为七年来首次高速增长，2022 年煤炭消费量再次回落。2013—2022 年南方五省区煤炭消费总量及增速如图 4-14 所示。

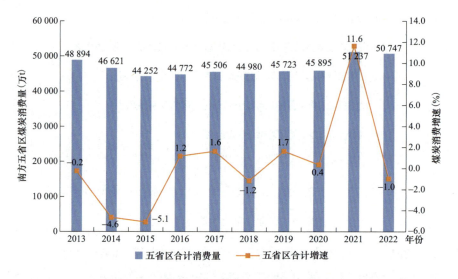

图 4-14　2013—2022 年南方五省区煤炭消费量及增速

数据来源：《中国能源统计年鉴》

广西、海南煤炭消费量连续四年增长，广东、贵州、云南煤炭消费量增速转负。分省看，2022 年广东、广西、云南、贵州、海南煤炭消费量分别为 19 842 万 t、9071 万 t、8475 万 t、12 220 万 t、1139 万 t，同比分别增长−1.0%、1.1%、−1.7%、−2.1%、0.5%，分别占南方五省区煤炭消费总量的 39.1%、17.9%、16.7%、

24.1%、2.2%。广东煤炭消费占南方五省区比重与上年度基本持平，广西煤炭消费占南方五省区比重小幅提升，云南、贵州煤炭消费占南方五省区比重小幅下降。2013—2022 年南方五省区煤炭消费量占比如图 4-15 所示，2013—2022年南方五省区煤炭消费量及增速见表 4-7。

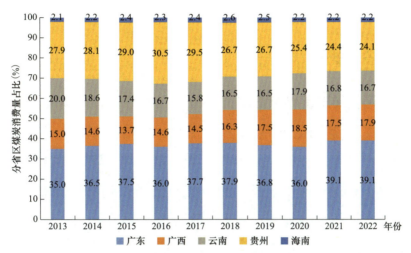

图 4-15　2013—2022 年南方五省区煤炭消费量占比

数据来源：《中国能源统计年鉴》

表 4-7　　2013—2022 年南方五省区煤炭消费量及增速（万 t，%）

年份	2013	2014	2015	2016	2017	2018	2019	2020	2021	2022
广东	17 107	17 014	16 587	16 135	17 172	17 068	16 834	16 514	20 035	19 842
增速	−3.0	−0.5	−2.5	−2.7	6.4	−0.6	−1.4	−1.9	21.3	−1.0
广西	7344	6797	6047	6518	6613	7340	8022	8497	8970	9071
增速	1.1	−7.5	−11.0	7.8	1.5	11.0	9.3	5.9	5.6	1.1
云南	9783	8675	7713	7461	7211	7402	7533	8201	8619	8475
增速	−0.7	−11.3	−11.1	−3.3	−3.3	2.6	1.8	8.9	5.1	−1.7
贵州	13 651	13 118	12 833	13 643	13 410	12 008	12 204	11 659	12 480	12 220
增速	2.4	−3.9	−2.2	6.3	−1.7	−10.5	1.6	−4.5	7.0	−2.1
海南	1009	1018	1072	1015	1099	1163	1130	1024	1133	1139
增速	8.4	0.9	5.3	−5.3	8.3	5.8	−2.8	−9.4	10.7	0.5

续表

年份	2013	2014	2015	2016	2017	2018	2019	2020	2021	2022
五省区合计	48 894	46 621	44 252	44 772	45 506	44 980	45 723	45 895	51 237	50 747
增速	−0.2	−4.6	−5.1	1.2	1.6	−1.2	1.7	0.4	11.6	−1.0

数据来源：《中国能源统计年鉴》及各省统计年鉴

4.3.2　南方五省区煤炭供应

南方五省区煤炭产量保持正增长。2022 年南方五省区煤炭产量 2.02 亿 t，同比增长 2.6%，增速同比下降 6.8 个百分点。2013 年以来，南方五省区煤炭产量呈先降后增趋势，2014—2020 年煤炭产量持续下降，2021 年结束连续七年的下降趋势，首次实现正增长，2022 年延续增长趋势，但增速有所放缓。2013—2022 年南方五省区煤炭产量及增速如图 4-16 所示。

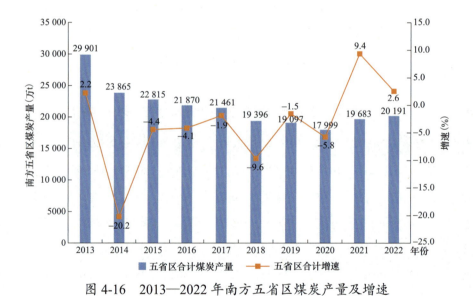

图 4-16　2013—2022 年南方五省区煤炭产量及增速

数据来源：《中国能源统计年鉴》

云南、广西煤炭产量实现增长。分省区看，2022 年广西煤炭产量 381 万 t，同比增长 8.2%，占南方五省区煤炭生产总量的 1.9%；云南煤炭产量 6741 万 t，同比增长 10.5%，占南方五省区煤炭生产总量的 33.4%；贵州煤炭产量 13 069

万 t，同比下降 1.2%，占南方五省区煤炭生产总量的 64.7%。2013—2022 年南方五省区煤炭产量占比如图 4-17 所示，2013—2022 年南方五省区煤炭产量及增速见表 4-8。

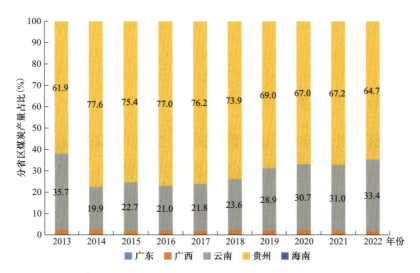

图 4-17　2013—2022 年南方五省区煤炭产量占比

数据来源：《中国能源统计年鉴》

表 4-8　　　　2013—2022 年南方五省区煤炭产量及增速（万 t，%）

年份	2013	2014	2015	2016	2017	2018	2019	2020	2021	2022
广东	—	—	—	—	—	—	—	—	—	—
增速	—	—	—	—	—	—	—	—	—	—
广西	697	615	425	433	443	488	406	414	352	381
增速	−7.5	−11.7	−30.9	1.7	2.4	10.2	−16.8	1.9	−14.9	8.2
云南	10 686	4741	5184	4587	4675	4573	5523	5530	6099	6741
增速	2.9	−55.6	9.4	−11.5	1.9	−2.2	20.8	0.1	10.3	10.5
贵州	18 518	18 508	17 205	16 851	16 344	14 335	13 168	12 055	13 232	13 069
增速	2.3	−0.1	−7.0	−2.1	−3.0	−12.3	−8.1	−8.4	9.8	−1.2
海南	—	—	—	—	—	—	—	—	—	—
增速	—	—	—	—	—	—	—	—	—	—

续表

年份	2013	2014	2015	2016	2017	2018	2019	2020	2021	2022
五省区合计	29 901	23 865	22 815	21 870	21 461	19 396	19 097	17 999	19 683	20 191
增速	2.2	−20.2	−4.4	−4.1	−1.9	−9.6	−1.5	−5.8	9.4	2.6

数据来源：《中国能源统计年鉴》及各省统计年鉴

4.3.3 南方五省区煤炭供需平衡情况

南方五省区煤炭自给率八年来首次回升。2022 年，南方五省区煤炭自给率 39.8%，同比增长 1.4 个百分点。2013—2021 年，南方五省区煤炭自给率整体呈下降趋势，2022 年首次出现正增长。2013—2022 年南方五省区煤炭生产/消费情况及煤炭自给率如图 4-18 所示。

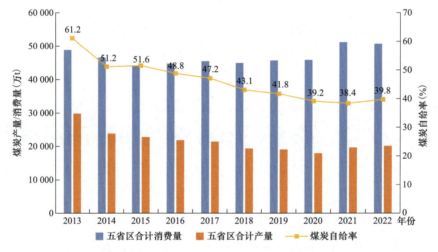

图 4-18 2013—2022 年南方五省区煤炭生产/消费量及自给率

数据来源：《中国能源统计年鉴》及各省统计年鉴

贵州煤炭产量高于本省消费需求，其余四省不同程度依赖外省调入或进口。2022 年，贵州煤炭自给率 106.9%，供应能力高于消费需求；云南煤炭自给率 79.5%，比上年同期增长 2.6 个百分点，对外省和进口煤炭依赖度较低；广西、海南、广东三省煤炭需求主要依靠省外调入或进口。2022 年南方五省区煤炭生产/消费情况如图 4-19 所示。

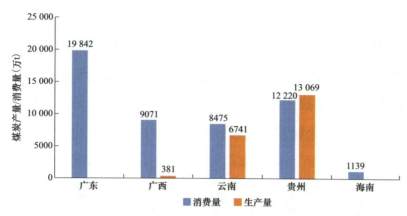

图 4-19　2022 年南方五省区煤炭生产/消费情况

数据来源：《中国能源统计年鉴》及各省统计年鉴

4.4　南方五省区石油供需

4.4.1　南方五省区石油需求

南方五省区石油消费量回落。2022 年南方五省区石油消费量 1.02 亿 t，同比下降 4.7%，增速同比下降 6.4 个百分点。2013 年以来，南方五省区石油消费量总体呈上升趋势，但 2015 年以来增速逐年放缓，2020 年、2022 年出现下降，2013—2022 年年均增长率 2.4%。2013—2022 年南方五省区石油消费总量及增速如图 4-20 所示。

广东、云南、海南石油消费量负增长，广西石油消费量增速减缓，贵州石油消费量与上年基本持平。分省区看，2022 年广西、贵州石油消费量增长，分别为 1240 万 t、1467 万 t，同比分别增长 5.6%、0.1%，分别占南方五省区石油消费总量的 12.1%、14.4%；广东、云南、海南石油消费量均有所下降，分别为 5491 万 t、1494 万 t、518 万 t，同比分别下降 8.8%、1.1%、4.3%，分别占南方五省区石油消费总量的 53.8%、14.6%、5.1%。2011 年以来，云南、贵州石油消费量占南方五省区消费总量比重总体呈上升趋势，广东石油消费量占南方五省区消费总量比重逐年下降，广西石油消费量占南方五省区消费总量比重先升后降再升，海南石油消费量占南方五省区消费总量比重先降后升。2013—2022 年南方五省区石油消费量占比如图 4-21 所示，2013—2022 年南方五省区石油消费量及增速见表 4-9。

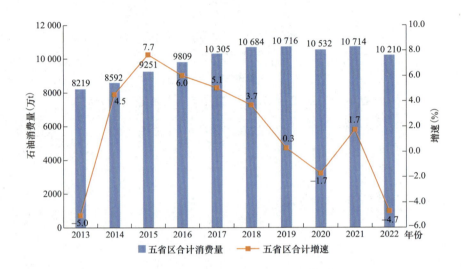

图 4-20　2013—2022 年南方五省区石油消费量及增速

数据来源：《中国能源统计年鉴》

图 4-21　2013—2022 年南方五省区石油消费量占比

数据来源：《中国能源统计年鉴》

表 4-9　　　2013—2022 年南方五省区石油消费量及增速（万 t，%）

年份	2013	2014	2015	2016	2017	2018	2019	2020	2021	2022
广东	5178	5320	5619	5942	6212	6443	6417	6192	6023	5491
增速	−5.5	2.7	5.6	5.7	4.5	3.7	−0.4	−3.5	−2.7	−8.8
广西	999	1109	1228	1299	1356	1227	1111	1073	1174	1240
增速	−11.8	11.1	10.7	5.8	4.3	−9.5	−9.5	−3.4	9.4	5.6
云南	996	1061	1108	1174	1290	1391	1507	1536	1511	1494
增速	−6.9	6.5	4.4	5.9	9.8	7.9	8.3	1.9	−1.7	−1.1
贵州	658	683	842	945	988	1137	1174	1228	1465	1467
增速	17.1	3.8	23.3	12.1	4.5	15.1	3.2	4.7	19.3	0.1
海南	387	419	453	449	460	487	508	502	541	518
增速	−5.5	8.1	8.2	−1.0	2.6	5.7	4.3	−1.2	7.9	−4.3
五省区合计	8219	8592	9251	9809	10 305	10 684	10 716	10 532	10 714	10 210
增速	−5.0	4.5	7.7	6.0	5.1	3.7	0.3	−1.7	1.7	−4.7

数据来源：《中国能源统计年鉴》及各省统计年鉴

4.4.2　南方五省区石油供给

南方五省区原油产量增速加快。2022 年南方五省区原油产量 2006 万 t，同比增长 9.7%，增速同比提升 1.6 个百分点。2011 年以来，南方五省区原油产量总体呈波动上升趋势，2013—2022 年年均增长率 4.4%。2013—2022 年南方五省区原油产量及增速如图 4-22 所示。

广东是南方五省区原油的主要产区。分省区看，2022 年广东原油产量 1885 万 t，同比增长 8.0%，占南方五省区原油生产总量的 93.9%；广西原油产量 66 万 t，同比增长 40.5%，占南方五省区原油生产总量的 3.3%；海南原油产量 56 万 t，同比增长 50.1%，占南方五省区原油生产总量的 2.8%。2013—2022 年南方五省区原油产量占比如图 4-23 所示，2013—2022 年南方五省区原油产量及增速见表 4-10。

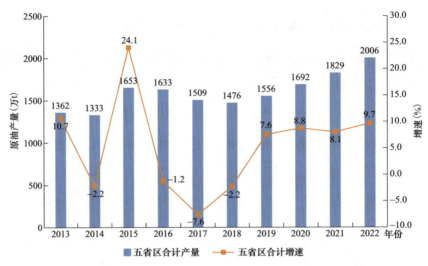

图 4-22　2013—2022 年南方五省区原油产量及增速

数据来源：《中国能源统计年鉴》及各省统计年鉴

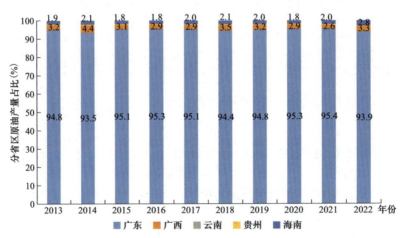

图 4-23　2013—2022 年南方五省区原油产量占比

数据来源：《中国能源统计年鉴》

表 4-10　　2013—2022 年南方五省区原油产量及增速（万 t，%）

年份	2013	2014	2015	2016	2017	2018	2019	2020	2021	2022
广东	1292	1245	1573	1556	1435	1394	1475	1613	1745	1885
增速	6.8	−3.6	26.3	−1.0	−7.8	−2.9	8.2	9.4	8.2	8.0
广西	44	59	51	47	44	52	50	49	47	66
增速	—	34.0	−14.0	−6.1	−7.0	17.7	−3.1	−3.1	−4.0	40.5
云南	—	—	—	—	—	—	—	—	—	—

年份	2013	2014	2015	2016	2017	2018	2019	2020	2021	2022
增速	—	—	—	—	—	—	—	—	—	—
贵州	—	—	—	—	—	—	—	—	—	—
增速	—	—	—	—	—	—	—	—	—	—
海南	27	29	30	29	30	30	31	31	37	56
增速	39.5	7.5	5.3	−2.0	2.0	1.3	0.3	0.2	22.1	50.1
五省区合计	1362	1333	1653	1633	1509	1476	1556	1692	1829	2006
增速	10.7	−2.2	24.1	−1.2	−7.6	−2.2	7.6	8.8	8.1	9.7

数据来源:《中国能源统计年鉴》及各省统计年鉴

4.4.3　南方五省区石油供需平衡情况

南方五省区石油自给率持续回升。2022 年,南方五省区石油自给率 19.7%,同比提升 2.6 个百分点。2011 年以来,南方五省区石油自给率呈现波动上升趋势。2013—2022 年南方五省区石油生产/消费量及自给率如图 4-24 所示。

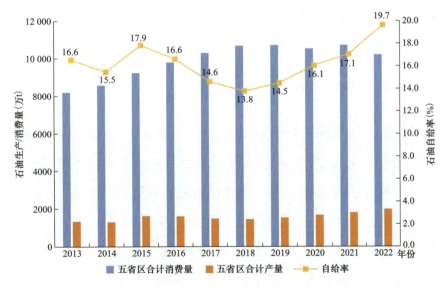

图 4-24　2013—2022 年南方五省区石油生产/消费量及石油自给率

数据来源:《中国能源统计年鉴》及各省统计年鉴

南方区域仅广东能保持一定石油自给率。分省区看，2022 年广东石油自给率 34.3%，高于南方五省区总体水平，其他四省区石油供给几乎全部依赖外省调入或进口。2022 年南方五省区石油生产/消费情况如图 4-25 所示。

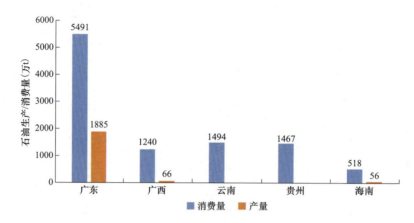

图 4-25　2022 年南方五省区石油生产/消费情况

数据来源：《中国能源统计年鉴》及各省统计年鉴

4.5　南方五省区天然气供需

4.5.1　南方五省区天然气需求

南方五省区天然气消费量小幅增长。2022 年南方五省区天然气消费量 510 亿 m^3，同比增长 1.6%，增速同比回落 19.0 个百分点。2011 年以来，南方五省区天然气消费量呈持续上升趋势，2013—2022 年年均增长率 11.8%。2013—2022 年南方五省区天然气消费总量及增速如图 4-26 所示。

南方各省区天然气消费量涨跌不一，贵州增速超 30%。分省区看，2022 年广东、广西天然气消费量分别为 337 亿 m^3、34 亿 m^3，同比分别下降 1.2%、18.0%，分别占南方五省区天然气消费总量的 66.0%、6.7%；云南、贵州天然气消费量分别为 25 亿 m^3、55 亿 m^3，同比分别增长 15.4%、31.1%，分别占南方五省区天然气消费总量的 5.0%、10.7%；海南天然气消费量 59 亿 m^3，同比增长 1.6%，占南方五省区天然气消费总量的 11.5%。2011 年以来，广东天然气消费量占南方五省区消费量的比重在 66% 左右波动，广西、云南、贵州天然气消费量占南方五省区消费量的比重总体呈上升趋势，海南天然气消费量占南方五省区消费量的比重总体呈下降趋势。2013—2022 年南方五省区天然气消费量占比如图 4-27 所示，2013—2022 年南方五省区天然气消费量及增速见表 4-11。

图 4-26　2013—2022 年南方五省区天然气消费量及增速

数据来源：《中国能源统计年鉴》

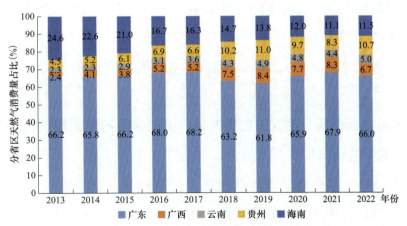

图 4-27　2013—2022 年南方五省区天然气消费量占比

数据来源：《中国能源统计年鉴》

表 4-11　2013—2022 年南方五省区天然气消费量及增速（亿 m³，%）

年份	2013	2014	2015	2016	2017	2018	2019	2020	2021	2022
广东	124	134	145	168	182	191	206	274	341	337
增速	6.5	7.9	8.5	15.6	8.7	4.5	8.2	33.1	24.3	−1.2
广西	5	8	8	13	14	23	28	32	42	34
增速	43.0	81.3	1.5	54.0	8.8	61.7	22.8	15.1	30.5	−18.0
云南	4	5	6	8	10	13	16	20	22	25
增速	−0.8	8.4	36.9	21.6	25.7	34.2	26.7	20.6	11.1	15.4
贵州	8	11	13	17	18	31	37	40	42	55
增速	60.0	26.1	25.4	28.5	3.6	73.8	19.3	9.6	3.8	31.1
海南	46	46	46	41	43	44	46	50	56	59
增速	−3.1	0.0	0.0	−10.2	5.2	1.9	4.2	8.4	11.2	5.7
五省区合计	187	203	219	247	267	301	333	417	502	510
增速	6.0	8.6	7.8	12.6	8.3	26.8	10.6	25.0	20.6	1.6

数据来源：《中国能源统计年鉴》及各省统计年鉴

4.5.2　南方五省区天然气供给

南方五省区天然气产量保持快速增长。2022 年南方五省区天然气产量 164 亿 m³，同比增长 12.4%，增速同比增长 6.6 个百分点，天然气生产能力进一步提升。2011 年以来，南方五省区天然气产量总体呈波动上升趋势，2013—2022 年年均增长率 8.6%。2013—2022 年南方五省区天然气产量及增速如图 4-28 所示。

广东是南方五省区天然气的主要产地，海南实现跨越式增长。2022 年广东天然气产量 124 亿 m³，同比回落 6.1%，占南方五省区天然气生产总量的 75.8%，比上年下降 15.0 个百分点。海南产气能力快速提升，2022 年产量 31.5 亿 m³，同比增长 293%，占生产总量的比重由 2021 年的 5.5%提升至 2022 年的 19.2%，实现跨越式增长。2013—2022 年南方五省区天然气产量占比如图 4-29 所示，2013—2022 年南方五省区天然气产量及增速见表 4-12。

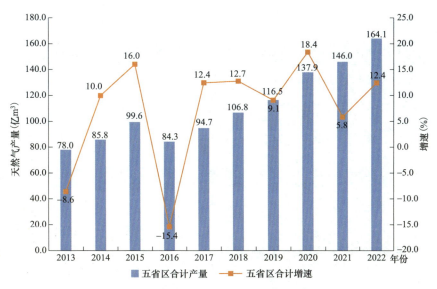

图 4-28　2013—2022 年南方五省区天然气产量及增速

数据来源：《中国能源统计年鉴》

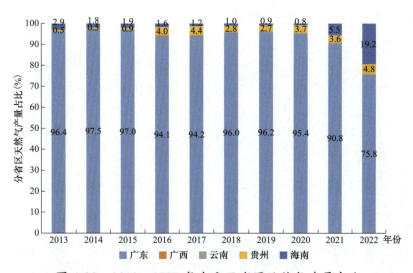

图 4-29　2013—2022 年南方五省区天然气产量占比

数据来源：《中国能源统计年鉴》

表 4-12　2013—2021 年南方五省区天然气产量及增速（亿 m³，%）

年份	2013	2014	2015	2016	2017	2018	2019	2020	2021	2022
广东	75.3	83.7	96.6	79.3	89.2	102.5	112.1	131.6	132.5	124.4
广西	0.1	0.2	0.2	0.2	0.2	0.2	0.2	0.2	0.2	0.2
云南	0.0	0.0	0.0	0.0	0.0	0.0	—	—	—	—

续表

年份	2013	2014	2015	2016	2017	2018	2019	2020	2021	2022
贵州	0.4	0.4	0.9	3.4	4.2	3.0	3.2	5.0	5.2	7.9
海南	2.3	1.6	1.9	1.4	1.1	1.1	1.0	1.0	8.0	31.5
五省区合计	78.0	85.8	99.6	84.3	94.7	106.8	116.5	137.9	146.0	164.1
增速	−8.6	10.0	16.0	−15.4	12.4	12.7	9.1	18.4	5.8	12.4

数据来源：《中国能源统计年鉴》及各省统计年鉴

4.5.3 南方五省区天然气供需平衡情况

南方五省区天然气自给率回升。2022 年，南方五省区天然气自给率 32.2%，同比增长 3.1 个百分点。2011 年以来，南方五省区天然气自给率总体呈下降趋势，自 2021 年开始呈逐步回升势头。2013—2022 年南方五省区天然气生产、消费情况及天然气自给率如图 4-30 所示。

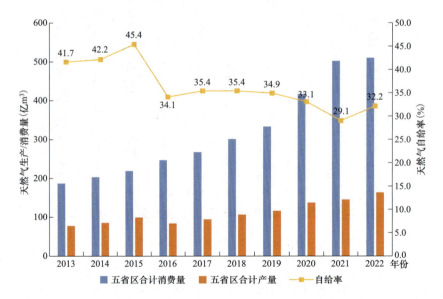

图 4-30 2013—2022 年南方五省区天然气生产、消费情况及天然气自给率

数据来源：《中国能源统计年鉴》及各省统计年鉴

除海南外其余四省天然气供给主要依赖外省调入或进口。分省区看，2022

年，广东天然气自给率 36.9%，海南生产能力快速提升，自给率达到 53.6%。
广西、云南、贵州本地产能有限，天然气供给几乎全部依赖外省调入或进口。
2022 年南方五省区天然气生产/消费情况如图 4-31 所示。

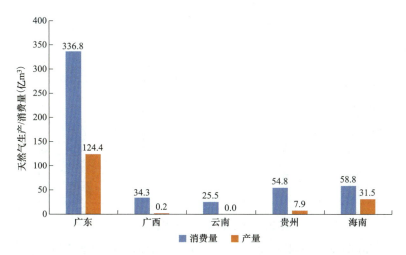

图 4-31　2022 年南方五省区天然气生产/消费情况

数据来源：《中国能源统计年鉴》及各省统计年鉴

4.6　南方五省区电力供需

4.6.1　南方五省区电力需求

南方五省区全社会用电量增速提升。得益于高技术及装备制造业发展壮大
以及三产用电量快速增长，2023 年南方五省区全社会用电量 15 832 亿 kWh，
同比增长 7.4%，增速同比增长 5.9 个百分点，高于全国水平 0.7 个百分点。
2014—2023 年南方五省区全社会用电量及增速如图 4-32 所示。

**第三产业和居民用电均呈现稳定增长态势，第一产业及第三产业增速超过
两位数**。2023 年，南方五省区第一产业用电量 285 亿 kWh，同比增长 11.6%，
增速同比增长 5.8 个百分点；第二产业用电量 9662 亿 kWh，同比增长 6.6%，
增速同比增长 6.1 个百分点；第三产业用电量 3173 亿 kWh，同比增长 11.8%，

增速同比增长 8.5 个百分点；居民生活用电量 2712 亿 kWh，同比增长 4.8%，增速同比增长 1.4 个百分点。

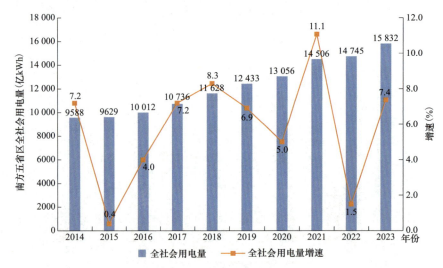

图 4-32　2014—2023 年南方五省区全社会用电量及增速

数据来源：南方电网

第二产业和居民生活用电量占比回落，第一产业、第三产业用电量占比回升。 2023 年，南方五省区第一产业用电量占全社会用电量的 1.8%，比上年提高 0.1 个百分点；第二产业用电量占比 61.0%，比上年下降 0.4 个百分点；第三产业用电量占比 17.1%，比上年提升 0.8 个百分点；居民生活用电量占比 17.6%，比上年下降 0.4 个百分点。2023 年南方五省区三次产业和居民生活用电量及占比如图 4-33 所示。

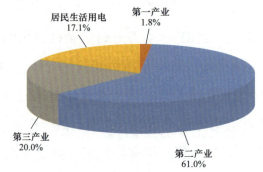

图 4-33　2023 年南方五省区第三产业和居民生活用电量及占比

数据来源：南方电网

五省区用电量均实现稳定增长，广西、海南增速回升幅度较大。分省看，2023 年，广东全社会用电量 8502 亿 kWh，同比增长 8.0%，增速同比提升 7.9 个百分点；广西全社会用电量 2448 亿 kWh，同比增长 10.4%，增速同比提升 11.3 个百分点；云南全社会用电量 2512 亿 kWh，同比增长 5.1%，增速同比回落 6.7 个百分点；贵州全社会用电量 1782 亿 kWh，同比增长 2.2%，增速同比提升 2.1 个百分点；海南全社会用电量 482 亿 kWh，同比增长 16.1%，增速同比提升 14.8 个百分点。

广东、广西、海南用电量占比提升，云南、贵州用电量占比下降。2023 年，广东全社会用电量占南方五省区的 53.7%，比上年提升 0.3 个百分点；广西全社会用电量占南方五省区的 15.5%，比上年提升 0.4 个百分点；受负荷管理等因素影响，云南、贵州全社会用电量分别占南方五省区的 15.9%、11.3%，比上年下降 0.3 个百分点、0.6 个百分点；海南全社会用电量占南方五省区的 3.0%，比上年提升 0.2 个百分点。2014—2023 年南方五省区用电量占比如图 4-34 所示。

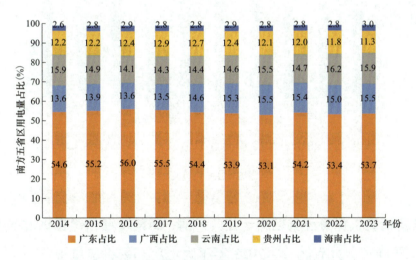

图 4-34   2014—2023 年南方五省区用电量占比

数据来源：南方电网

4.6.2   南方五省区电力供应

南方五省区装机清洁化绿色化水平快速提升。截至 2023 年年底，南方区域全网发电装机容量 5.05 亿 kW，同比增长 14.5%，增速同比提升 6.0 个百分点。其中，火电装机 2.06 亿 kW，同比增长 5.3%，占装机总量的 40.8%，比上年下降 3.6 个百分点；水电装机 1.45 亿 kW，同比增长 1.0%，占装机总量的 28.7%，比上年下降 3.8 个百分点；核电装机 0.2 亿 kW，与上年持平，占装机总量的 4.1%，比上年下降 0.4 个百分点；非水可再生能源装机超过 1 亿 kW，达到 1.3 亿 kW，同比大幅增长 58.0%，占装机总量的 25.7%，比上年提升 7.1 个百分点。2014—2023 年南方五省区发电装机容量及增速如图 4-35 所示，2014—2023 年南方五省区电源装机结构如图 4-36 所示。

图 4-35　2014—2023 年南方五省区发电装机容量及增速

数据来源：南方电网

广东新增装机保持五省区第一位，云南、海南新增光伏装机占本省新增装机贡献率超 60%。 分省区看，2023 年年底，广东装机总量 19 386 万 kW，同比增长 12.6%，其中火电和太阳能新增装机最多，分别对本省新增装机贡献率为 45% 和 41%；广西装机总量 7566 万 kW，同比增长 20.5%，其中风电和太阳能新增装机最多，分别对本省新增装机贡献率为 25% 和 47%；云南装机总量 13 256 万 kW，同比增长 18.60%，其中太阳能对本省新增装机贡献率达 70%；贵州装机总量 8564 万 kW，同比增长 5.9%，其中太阳能对本省新增装机贡献率 47%；海南装机总量 1687 万 kW，同比增长 29.0%，其中火电和太阳能新增装机最多，分别对本省新增装机贡献率为 27% 和 60%。2023 年南方五省区装机容量区域分布如图 4-37 所示。

图 4-36　2014—2023 年南方五省区电源装机结构

数据来源：南方电网

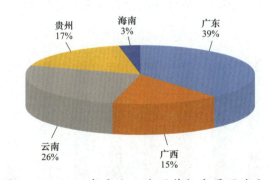

图 4-37　2023 年南方五省区装机容量区域分布

数据来源：南方电网

全网发电量快速增长，火电及非水可再生能源发电量占比进一步提升。
2023 年，全网发电量 16 195 亿 kWh，同比增长 7.9%，增速同比增长 6.0 个百分点。其中，火电发电量 8726 亿 kWh，同比增长 16.7%，占发电总量的 53.9%，占比较上年增长 4.1 个百分点；水电发电量 4352 亿 kWh，同比下降 12.0%，增速下降 21.4 个百分点，占发电总量的 26.9%；核电发电量 1542 亿 kWh，同比增长 7.7%，增速提升 11.2 个百分点，占发电总量的 9.5%；非水可再生能源发电量 1573 亿 kWh，同比增长 35.6%，占发电总量的 9.7%，占比较上年提升 2.0 个百分点。2014—2023 年南方五省区发电总量及增速如图 4-38 所示，2014—2023 年南方五省区分电源类别发电量占比如图 4-39 所示。

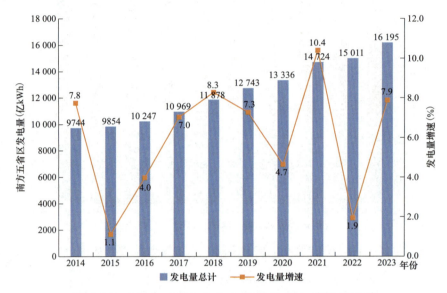

图 4-38　2014—2023 年南方五省区发电总量及增速

数据来源：南方电网

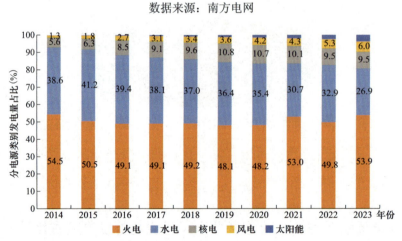

图 4-39　2014—2023 年南方五省区分电源类别发电量占比

数据来源：南方电网

各省发电量均稳步增长，广西、海南发电量增速高于全网平均水平。 分省区看，2023 年广东发电量 6896 亿 kWh，同比增长 10.7%；广西发电量 2265

亿 kWh，同比增长 11.9%；云南发电量 4151 亿 kWh，同比增长 3.5%；贵州发电量 2404 亿 kWh，同比增长 2.9%；海南发电量 479 亿 kWh，同比增长 17.1%。2023 年南方五省区发电量及占比如图 4-40 所示。

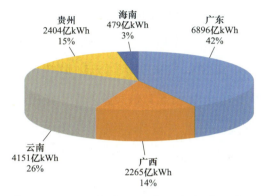

图 4-40　2023 年南方五省区发电量及占比

数据来源：南方电网

全网利用小时数略低于全国水平。 2023 年，南方五省区 6000kW 及以上电厂发电设备利用小时数 3590h，同比下降 94h，低于全国水平 2h。其中，水电 3091h，同比下降 512h；核电 7416h，同比增长 116h；火电 4374h，同比增长 349h；风电 1886h，同比下降 187h；光伏 815h，同比下降 27h。全国及南方五省区 6000kW 及以上电厂发电设备利用小时数如图 4-41 所示。

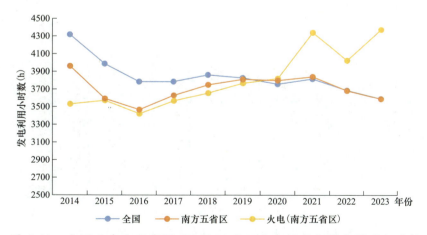

图 4-41　全国及南方五省区 6000kW 及以上电厂发电设备利用小时数

数据来源：中国电力企业联合会、南方电网

4.6.3　南方五省区电力供需平衡情况

南方五省区电力供需总体偏紧。2023 年，随着稳增长政策力度持续加大、消费市场愈发活跃，南方五省区经济复苏前景总体向好。南方五省区全社会用电量 15 832 亿 kWh，同比增长 7.4%，一至四季度，全社会用电量同比分别增长 3.5%、7.0%、7.8% 和 10.8%，2023 年南方区域统调负荷 5 次创新高，最高统调负荷达 2.3 亿 kW，同比增长 5.1%，增速较上年提升 2 个百分点。其中，海南、广西负荷增长较快，海南受夏季持续炎热天气的影响，同时叠加新能源汽车规模迅速扩大夜间充电负荷冲高，年内 11 次创新高。广西最高统调负荷同比增长 12.6%，增速较上年提升 12 个百分点；广东、云南负荷增速趋缓，贵州统调负荷连续两年未创新高，与上年基本持平。受夏季持续高温天气、国内燃料供应困难、南方区域来水偏枯等多重因素叠加影响，2023 年南方区域电力供应依然紧缺，整体供需形势偏紧，但全网均未出现错峰和拉闸限电情况，仅云南和贵州部分时段实施负荷管理或需求侧响应。2014—2023 年南方五省区发/用电情况如图 4-42 所示，2023 年南方五省区发/用电情况如图 4-43 所示。

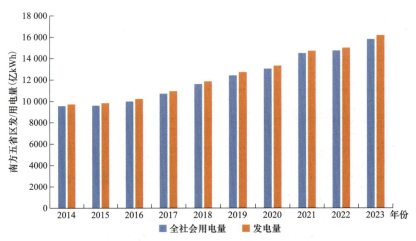

图 4-42　2014—2023 年南方五省区发/用电情况

数据来源：南方电网

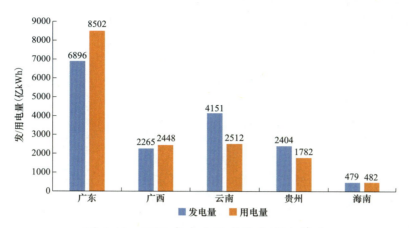

图 4-43　2023 年南方五省区发/用电情况

数据来源：南方电网

第 5 章

能源供需展望

5.1 能源供需影响因素

5.1.1 气候变化态势影响

全球变暖趋势仍在持续。中国气象局全球表面温度数据集分析表明，2023年全球平均温度为 1850 年有气象观测记录以来的最高值，最近十年（2014—2023 年）全球平均温度较工业化前水平（1850—1900 年平均值）高出约 1.2℃。2023 年，亚洲区域平均气温较常年值（报告使用 1991—2020 年气候基准期）偏高 0.92℃，是 1901 年以来第二高值；中国地表年平均气温较常年值偏高0.84℃，为 1901 年以来的最暖年份。图 5-1 为 1850—2023 年全球平均温度距平。

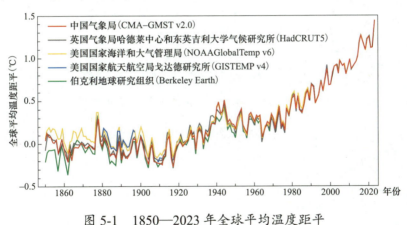

图 5-1　1850—2023 年全球平均温度距平

数据来源：中国气象局

极端天气气候事件趋多趋重。1961—2023 年，中国平均年降水量呈增加趋势，平均每十年增加 5.2mm。中国极端高温和极端强降水事件趋多趋强，极端低温事件总体减少；北方地区平均沙尘日数呈显著减少趋势，近年来达最低值并略有回升；20 世纪 90 年代后期以来登陆中国台风的平均强度波动增强。2024 年我国北方遭遇了罕见的高温，不少区域达到了同期极值，此前大家看到南方才有的 35℃以上高温，甚至 40℃以上的高温，在今年北方呈现更加明显，所以，极端性的气候转变越发明显。预计未来 30 年，中国区域平均极端最高温度将上升 1.7～2.8℃，其中华东地区和新疆西部增幅最大，中国区域平均高温热浪天数将增加 7～15 天。据国家气候中心的分析，未来几十年，中国平均气温还会继续上升，极端强降水和重大干旱事件仍呈增加态势。风险增加的地区几乎全部位于我国东部人口稠密、经济较发达地区，极端天气事件对经济社会安全的影响进一步凸显。图 5-2 为 1901—2022 年中国地表年平均气温。图 5-3 为 1961—2023 年中国极端高温事件频次。图 5-4 为 1961—2023 年中国极端日降水量事件频次。

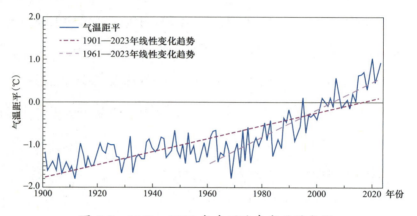

图 5-2　1901—2022 年中国地表年平均气温

数据来源：中国气象局

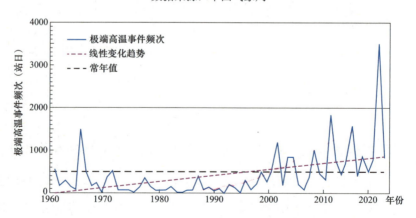

图 5-3　1961—2023 年中国极端高温事件频次

数据来源：中国气象局

气候变化风险不断加剧。预计未来气候系统的变暖仍将持续，过去和未来温室气体排放造成的气候系统变化，特别是海洋、冰盖和全球海平面发生的变

化，在世纪到千年尺度上是不可逆的。根据联合国政府间气候变化专门委员会
（IPCC）第六次评估报告的预估，即使在低排放情景下，全球也将面临严重的
气候风险，许多区域出现极端事件并发的概率将增加。多种气候变化风险将进
一步加剧，跨行业、跨区域的复合型气候变化风险将增多且更加难以管理。

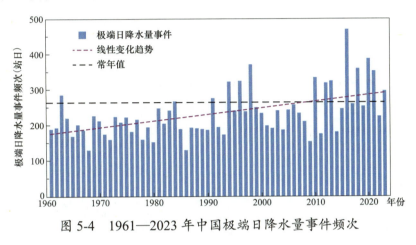

图 5-4   1961—2023 年中国极端日降水量事件频次

数据来源：中国气象局

5.1.2 宏观经济变化影响

地缘政治冲突、紧缩货币政策的滞后效应和高企的经济成本等因素将继续拖
累全球经济增长，预计全球经济表现依然疲弱。2023 年国际地缘冲突、美欧高
利率和央行缩表、制造业景气下行，拖累全球经济增长，但反通胀显著收效，发
达国家就业充分。世界主要经济体呈现"美强日兴欧弱"格局；中国正站在长
期追赶的关键节点。发达经济体主要受到货币政策收紧的不利影响，经济增速
明显放缓，新兴经济体出口普遍承压，但依靠提振内需保持经济增速大致稳定。
与 2022 年相比，在供给端持续改善与紧缩货币政策的共同作用下，欧美国家的
通胀水平已有大幅回落，但地缘政治冲突对全球能源供给的扰动、服务业的强劲
表现、劳动力市场持续紧张使得发达国家的通胀具有较强黏性，回落势头逐渐放
缓。国际货币基金组织 2024 年 7 月预测，2024 年和 2025 年全球经济将分别增
长 3.2% 和 3.3%。其中新兴经济体今明两年预测增长率均为 4.3%，发达经济体分
别为 1.7% 和 1.8%。由于服务业几乎已实现完全复苏，支持服务业经济的强劲需

求目前正在减弱，因此相比新兴市场和发展中经济体，发达经济体的经济增速下行更为明显。全球总体通胀继续放缓，从 2022 年的 9.2%、2023 年的 5.9%下降至 2024 年的 4.8%。但多数国家的通胀在 2025 年之前不太可能回到目标水平。

全球主要经济体面临增长下行和债务上升的双重压力，预计整体增长放缓。各国目前处在加息周期的不同阶段：发达经济体（除日本外）的加息已接近峰顶，而一些较早开始加息的新兴市场经济体（如巴西和智利）则已开始放松政策。预计新兴市场和发展中国家 2024 年经济增速将维持在 4%的水平，与前两年持平。东亚、西亚、拉丁美洲和加勒比地区的发展中国家，面临金融条件收紧、财政空间缩小、外部需求疲软的问题，其短期增长前景也在恶化。低收入的脆弱经济体，其国际收支平衡压力和债务可持续性风险正不断增大。主要国家中，2024 年美国经济增长率预计将放缓至 1.5%；欧元区 2024年经济面临技术性衰退风险，主要由于 2024 年制造业仍然不景气，截至 2023年 12 月，制造业 PMI 连续 18 个月位于荣枯线以下，其出口依旧低迷。新兴经济体中东盟经济保持一定活力，将延续当前复苏趋势，2024 年以发达经济体为主的外部需求进一步减弱将继续拖累东盟贸易型经济体制造业的表现。此外，大宗商品出口价格持续居于相对高位、外国投资快速增长也有助于推动东盟经济持续复苏，亚洲开发银行预计 2024 年东南亚国家经济增速为 4.7%，较 2023 年上涨 0.4 个百分点。图 5-5 为全球综合 PMI 指数。图 5-6 为主要经济体制造业 PMI 指数。表 5-1 为全球经济增速预测。

货币政策不确定性上升，部分国家进入降息通道。主要央行货币政策面临两个方面的不确定性：一是经济形势存在不确定性。主要经济体可能会出现"硬着陆""软着陆"或"不着陆"等多种情形，而基于不同情形实施降息策略，其影响存在质的差异。欧央行更可能在经济"硬着陆"或"软着陆"情形下实施降息，美联储在经济"软着陆"或"不着陆"情形下实施降息。二是首次降息时点存在不确定性。由于 2024 年一季度，经济持续在高于潜在增速水平运行，整体通胀出现反弹，核心通胀具有黏性，美联储已于今年 9 月开始降息，后续预计将进入持续降息周期。

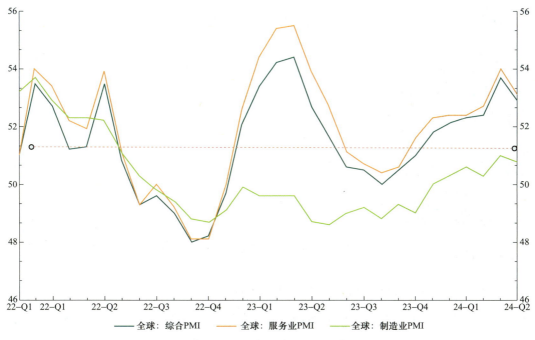

图 5-5 全球综合 PMI 指数

数据来源：万得资讯（WIND）

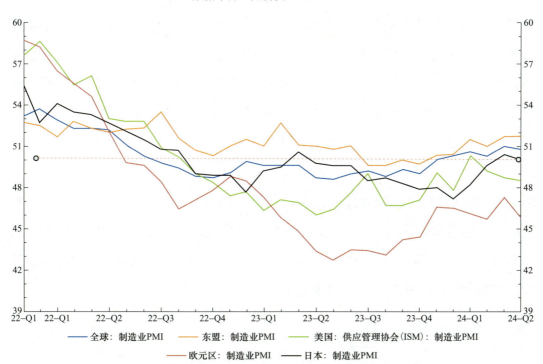

图 5-6 主要经济体制造业 PMI 指数

数据来源：万得资讯（WIND）

表 5-1 全球经济增速预测（%）

年份	2022	2023	2024^f	2025^f
美国	2.1	2.5	2.7	1.9
巴西	2.9	2.9	2.2	2.1
日本	1.1	1.9	0.9	1.0
欧元区	3.1	0.4	0.8	1.5
俄罗斯	−2.1	3.6	3.2	1.8
发展中国家	4	4.3	4.2	4.2
全球	3.4	3.2	3.2	3.2

数据来源：IMF，WB，中国银行研究院。注：上角标 f 表示预测值。

我国经济实现恢复性增长，但整体处在"弱复苏"状态。在全球经济复苏势头不稳、国际地缘政治经济冲突加剧的背景下，2023 年中国经济增长 5.2%，完成年度增长目标，但两年复合增速为 4.1%，总体处于弱复苏状态。总体经济运行呈现出五大结构性特征：名义增长相对偏低，宏观数据与微观感受存在差异；接触型服务业与装备制造业生产亮点突出，新动能持续蓄能；需求不足依然突出，房地产投资跌幅扩大、消费明强实弱、出口增速下滑、物价水平疲弱、资产价格走低，通缩风险仍存；融资需求与货币供给剪刀差边际收窄，但资金活化水平偏低。我国经济运行呈现出当前特征的背后逻辑源于多重因素的影响：结构性、周期性、趋势性问题叠加短期矛盾集中释放，经济运行面临的问题由"三重压力"变为"多重压力"。主要表现在增长动力结构性调整，新旧动能持续转换；预期不稳持续影响经济修复的力度与节奏；供需失衡较难短期缓解，消费复苏仍需时日。世界银行、国际货币基金组织（IMF）、联合国贸易和发展会议预测我国 2024 年 GDP 增速分别为 4.8%、4.6% 和 4.8%。综合研判，2024 年我国 GDP 增速在 4.5%～5.0%。

5.1.3 国际政治局势影响

区域冲突不断加剧，能源供给稳定性及市场价格波动加剧。2023 年，乌克兰危机仍在持续，"欧佩克+"不断加码减产，又发生了新一轮哈马斯—以色列军事冲突，委内瑞拉和圭亚那就领土争端在爆发战争的边缘，年末红海又出现了航运危机。国际能源市场一直深受地缘政治因素的影响。近期，除了"欧佩克+"的减产政策之外，国际能源市场主要受到中东地缘政治形势的冲击，这成为近期国际油价上涨的重要推手。动荡不安的局势还严重冲击了世界能源地缘格局，许多国家的能源供给深受影响。2023 年 10 月新一轮巴以冲突爆发以来，中东地缘政治形势持续紧张，特别是在巴以冲突爆发初期、也门胡塞武装袭船导致红海航运危机以及伊朗与以色列发生直接冲突三个时段风险显著增大。在此过程中，市场担忧心理高企，国际大宗商品价格趋向上涨，并在上述危机时段震荡加剧。以色列与伊朗直接冲突的背景下，国际原油价格已创下半年多来的新高，国际能源市场供应稳定性及价格受地区冲突及地缘政治影响不断加大。

关键能源基础设施断供或严重威胁能源安全。国际能源市场容易受到地缘政治因素的影响，如地区冲突、制裁等。俄乌冲突爆发后，欧美对俄罗斯实施制裁，俄罗斯能源出口受到限制，全球能源贸易流向发生转变，供应链脆弱性增加。2024 年 7 月乌克兰通过阻断穿越其领土的俄罗斯石油管道，导致一些欧盟国家陷入能源危机。乌克兰限制石油过境输入匈牙利及斯洛伐克，导致后者能源价格上涨，增加经济产业生产成本和生活成本，阻碍其经济发展。欧盟成员国对俄罗斯石油的依赖程度不同，斯洛伐克、立陶宛、匈牙利分别为 92%、80%、70%。中国作为世界上最大的能源消费国之一，国际能源供应链的安全与稳定，对中国经济发展至关重要。在能源供应方面，中亚油气管道、中俄原油管道、海上通道和中缅油气管道面临一定风险，缅甸国内的政治稳定与否、环境和社会风险、缅北军事冲突以及大国利益竞争、地缘政治博弈等，都是不可忽视的风险因素。

美国在油气供应及市场价格方面重塑市场格局。近年美国石油和天然气的出口量不断创出新高，石油已成为其最大的出口商品。油气是实现美国当前推动的"逆全球化"或"半球化"的重要工具，欧盟与俄罗斯能源脱钩不仅是欧盟能源独立计划中的重要战略，也是美国实现其远期战略的重要内容。2023

年上半年，美国原油出口数量平均每天为 399 万桶，成品油出口数量平均每天为 612.63 万桶。2023 年 8 月，石油已历史性地成为美国最大的单一出口商品，当月原油出口的金额达 103 亿美元，在美国出口总额中所占的比例最高，为 6%。美国已超过澳大利亚和卡塔尔，成为世界最大的液化天然气出口国。除此之外，从 2023 年 6 月起，美国生产的西德克萨斯中质米德兰原油已成为国际石油市场最重要的价格标杆，即布伦特原油价格基准的最重要和份额最大的组成部分。继拥有纽约交易的 WTI 价格标杆之后，世界上最重要的两大原油价格标杆，即布伦特和 WTI 价格标杆都由美国生产的原油所主导。美国石油天然气行业对全球油气市场的影响力，从实物产量的层面上升到全面的价格决定层面，美国在全球油气市场中的影响力前所未有，对全球化石能源供需市场产生深远影响。

5.1.4　国内外能源政策影响

碳中和目标下新能源发展将深度影响全球能源格局。在应对气候变化的全球行动下，已有 139 个国家和地区公布了碳中和目标。为了实现碳中和目标，各国制定了可再生能源发展目标和低碳转型政策。2023 年 11 月，COP28 在阿联酋举行，各国进一步明确了《巴黎协定》的实施路径，包括更新国家自主贡献（NDCs）目标，加强适应和融资承诺。美国重返《巴黎协定》后宣布了一系列气候政策，包括提高 2030 年减排目标、增加绿色投资、推动清洁能源发展，以加速国内绿色转型，并计划在 2035 年前实现零碳电力系统。德国拟将可再生能源发电占比从 2020 年的 45% 提升至 2035 年的 100%。英国计划到 2035 年实现可再生能源发电占比达 100%。欧盟进一步提速能源转型进程，加快可再生能源部署、加强能效提高、推动气源多样化等措施。2023 年 5 月，欧盟碳边境调节机制（CBAM）完成立法程序正式生效，成为全球首个实施的"碳关税"，10 月，相关产品出口至欧盟需报送相应的排放和碳成本数据，并将于 2026 年 1 月 1 日起开始正式征收碳关税。英国也于 2023 年 12 月宣布将自 2027 年起实施 CBAM。各国加紧评估 CBAM 的潜在影响和应对方式，美国、加拿大、日本等国开始讨论效仿欧盟采取碳关税等类似举措。日本提出《绿色增长战略》，旨在通过技术创新和绿色投资的方式加速向低碳社会转型。从主要国家政策目标和转型路径来看，大规模发展可再生能源为主的低碳能源已经成为各国共识，以低碳能源为指向的能源转型进程稳步推进。

我国碳达峰碳中和"1+N"政策体系不断完善。"双碳"目标提出三年多来，我国夯实碳排放双控基础能力，推动能耗双控逐步转向碳排放双控。2024 年初，中共中央、国务院联合印发《关于推进碳达峰碳中和工作的指导意见》，提出了实现碳达峰碳中和目标的总体思路、主要目标和重点任务，强调了科技创新、产业结构优化、能源转型和生态修复等关键领域。2024 年 3 月，中国人民银行、国家发展改革委等多部门联合发布《关于构建绿色金融体系的指导意见》，旨在通过绿色金融工具支持绿色低碳项目，包括绿色债券、绿色信贷、绿色基金等，推动资金流向低碳领域。2024 年 4 月生态环境部发布《碳排放权交易管理办法（试行）》修订版，扩大了碳交易市场的覆盖范围，增加了对钢铁、建材、化工等高排放行业的覆盖，强化了市场机制和监管体系。在众多政策及金融手段支持下，下阶段新能源及相关清洁煤电、储能等技术推广将得到更有力支持。

电力市场建设持续深化，电源转型不断提速。2023 年 9 月，《电力现货市场基本规则（试行）》出台，这是国家层面首份电力现货市场建设规则。10 月，国家发展改革委办公厅、国家能源局综合司联合印发《关于进一步加快电力现货市场建设工作的通知》，进一步明确电力现货市场的建设要求。2023 年以来，全国统一电力市场体系加快建设，多层次统一市场体系已基本形成，适应新能源高比例发展的市场机制逐步完善，中长期、辅助服务市场已实现全覆盖，23 个省（区、市）启动电力现货市场试运行。绿色电力交易体系不断健全，中电联数据显示，2023 年全国绿色电力省内交易量 537.7 亿 kWh，同比增长 279%，电力市场交易规模稳步扩大，全年市场化交易电量达到 5.67 万亿 kWh、同比增长 8%，占全社会用电量的 61.3%，通过辅助服务市场挖掘调峰潜力超 1.17 亿 kW、增加清洁能源消纳 1200 亿 kWh。推动出台煤电容量电价政策，促进煤电向基础保障性和系统调节性电源并重转型。

能源管理体制改革持续深化。2023 年 7 月，中央全面深化改革委员会通过三大文件，推动能源关键领域改革取得突破。这三大文件分别是：在迈向"双碳"（碳达峰、碳中和）上，出台了《关于推动能耗双控逐步转向碳排放双控的意见》；在油气体制改革上，出台了《关于进一步深化石油天然气市场体系改革提升国家油气安全保障能力的实施意见》；在电力体制改革上，出台了《关于深化电力体制改革加快构建新型电力系统的指导意见》。上述三大办法的出台，基本上确立了能源行业绿色低碳转型、油气保供稳价、新型电力系统建设下一阶段的改革重点。

持续推动沙戈荒新能源基地建设，激活跨区市场对新能源的消纳作用。国家发展改革委、国家能源局印发的《关于促进新时代新能源高质量发展的实施方案》提到要加快推进以沙漠、戈壁、荒漠地区为重点的大型风电光伏基地建设，加大力度规划建设以大型风光电基地为基础、以其周边清洁高效先进节能的煤电为支撑、以稳定安全可靠的特高压输变电线路为载体的新能源供给消纳体系。截至 2023 年年底，我国大型风光光伏基地第一批已陆续建成并网，第二批、第三批已核准并陆续开工建设。为满足新能源基地装机的送出，必须加紧推进大基地新能源跨省区送出通道的前期及建设工作，为大基地新能源电力电量足额送出提供及时有效的支撑。同时为确保新能源送至受端的落地电价具备一定的市场竞争力，下阶段将进一步制定相关政策激发电力用户对于绿电的需求，打破省区间内部和外部壁垒，充分激活区内和跨区市场对大基地新能源发电的消纳作用。

5.1.5 能源技术发展变革影响

2023 年，前沿技术进步尤其是人工智能对人类社会产生深刻影响，对传统科技体系产生重大冲击。世界进入了以科技为核心的战略竞争时代。为在这场世纪博弈中占据主导地位，美西方进一步深化科技对华竞争。2024 年，智能科技革命将持续深入进行，而地缘政治局势不确定性将进一步加剧，科技变革与大国博弈相互交织，全球技术权力争夺和秩序构建会更加复杂。

核能作为实现能源清洁转型的重要方式，核电技术被高度重视并大力投入。美国是全球最大的核电生产国，在启动核能信贷计划确保现有反应堆持续运行的同时，加大对先进核能项目的支持力度，推进新技术的原型发展及早期部署。美国政府在 COP28 期间与其他 21 个国家发布《三倍核能宣言》，计划到 2050 年核电装机量达到 2020 年的三倍；美、法、英、日和加宣布在 2024—2026 年动员 42 亿美元政府和私人部门投资，提高五国铀浓缩和转化的能力。欧盟已形成以核电立场为界的二元核能地缘格局，法国和大部分东欧国家是核电的支持者，德国和部分西北欧国家则是坚定的"弃核"派。在法国等国推动下，欧盟已确认核电是实现气候目标和确保能源持续供应的重要工具，将核电纳入绿色能源范畴，包括在《净零工业法案》中将先进核电技术纳入净零技术范畴，为核电建设融资扫清了障碍。法国发布《加速核能发展法案》，放弃"核电份额削减至 50%"目标，并推出一系列措施支持新建核电项目；意大利拟允许国际合作伙伴将第四代核电技术引入意大利，迈出重返核电的第一步；英国将核能归入绿色分类中的"环境可持续"能源，鼓励私营部门对核电项目投资。加拿大启动《小型模块化反应堆支持计划》，加速小堆技术发展。日本通过《以实现绿色转型为目标的基本方针》，推翻了福岛核事故以来"不新建和改建核电站"的政策，计划到 2030 年核电发电量占比 20%～22%。核能技术突破将有力助推世界清洁能源比重的进一步扩大。

清洁氢能支持力度不断增加，氢能相关技术有望实现突破。美国政府发布首份《国家清洁氢能战略和路线图》，明确了清洁氢能的战略性地位，提出了加速清洁氢能生产、加工、交付、存储和使用的综合发展框架；美国政府向 7 个地区性清洁氢能中心提供 70 亿美元支持资金，并预计吸引 400 亿美元私人投资，这些清洁氢能中心每年将生产 300 万 t 以上的清洁氢气，约占美国 2030 年生产 1000 万 t 目标的 1/3。欧盟确定了绿氢及其衍生物的定义，并启动欧盟氢能银行试点项目，为绿氢生产商提供高额补贴。德国与丹麦和挪威等国合作，包括共建海上风电制氢设施和海底氢气管道等；德国与哈萨克斯坦合作建设年产绿氢 200 万 t 的绿氢工厂。意大利、德国、奥地利三国能源部长共同签署了"南部氢能走廊"项目的合作开发协议，拟建连接北非和欧洲大陆的氢气管道，到 2030 年每年从北非向欧洲输送至少 400 万 t 氢气。丹麦、英国分别完成首次国家清洁氢补贴项目竞标，丹麦向 6 个总计 280MW 的项目提供 12.5 亿丹麦克朗（约合 1.84 亿美元）补贴，英国也向 11 个总计 125MW 的项目提供 20 亿英镑补贴。澳大利亚可再生能源署宣布通过 Hydrogen Headstart 计划向 6 个总计 3.5GW 的氢能项目提供 20 亿澳元（约合 13.5 亿美元）补贴，该计划旨在确保澳大利亚成为全球氢能领导者。韩国、日本也计划在 2024 年推出氢能相关的补贴。预计随着各国的补贴流向企业，全球氢能发展将进入新阶段。

碳减排技术投资持续扩大，将碳转移到海上或海底成为新方向。2023 年以来美国启动多个碳管理项目，美国能源部宣布为 33 个研究和开发项目提供 1.31 亿美元，以推进碳管理技术的广泛部署，减少二氧化碳污染。为碳安全第二阶段储存综合体可行性资助计划提供 9300 万美元，为后续开发能够储存 5000 万 t 以上二氧化碳的储存设施提供支持。欧洲多个国家和地区目前正致力于在脱碳方面在全球范围内发挥领导作用。欧盟宣布将从创新基金中拨款 18 亿欧元，投资 16 个大规模创新项目，涵盖 CCUS、绿氢及其衍生物、储能、合成可持续燃料等技术，以实现在未来十年内将二氧化碳排放量减少 1.25 亿 t。此外，业内正在寻求更灵活的碳捕集和封存方式，将碳转移到海上封存设施或海底成为新方向，"海洋储碳"示范项目在全球涌现。2023 年 6 月，中国首个百万吨级海上碳封存示范工程——中国海油恩平 15-1 油田碳封存示范工程正式投用。欧洲以北海为中心诞生多个海上碳封存项目，海外市场"海洋储碳"风潮主要集中在欧洲北海地区，其中最受关注的挪威北极光项目（Northern Lights）和丹麦绿沙项目（Greensand）有望分别于 2024 年和 2025 年投产。挪威政府指出，北海地区有潜力储存超过 800 亿 t 二氧化碳，相当于挪威 1000 年的排放量。

其他清洁能源技术相继取得突破。生物质能、地热能、太阳能热发电、海洋能等相继取得突破，持续拓展新能源开发利用新方向、新空间。生物质能方面，我国"生物质热—电—气—炭"多联产技术及成套装备等新技术推动生物质发电产业全面加速。地热能方面，我国深层地热科学探井成功钻探至 5200m；研发耐高温钻头、腐蚀检测仪、高温热泵等具有自主知识产权的关键装备；逐渐形成了以供暖（制冷）为主的地热发展路径，带动地热直接利用多年稳居世界第一。太阳能热发电方面，我国具备全产业链技术，完全掌握了拥有完整知识产权的聚光、吸热、储换热、发电等核心技术，有力支撑了我国在中东、北非等"一带一路"沿线地区建设太阳能热发电项目。海洋能技术方面，美国能源部宣布通过"供能蓝色经济倡议"投入近 1000 万美元，资助用于海水淡化的波浪能技术研究，并为潜在洋流能测试设施的可行性研究提供支持；英国投入 1750 万英镑支持三个"超级影响中心"，其中包括"海上可再生能源影响中心"，专注于波浪能、潮汐能、太阳能和风能等领域创新；我国潮流能、潮汐能、波浪能三大能种的总体装备水平和主要技术指标均已进入国际先进行列，2023 年我国首台兆瓦级潮流能机组实现并网，首台兆瓦级漂浮式波浪能发电装置"南鲲"号投入试运行，随技术逐步成熟成本下降，各类清洁能源技术有望进一步加速碳达峰进程。

5.2 2024—2025 年我国能源供需形势展望

综合来看，高利率、高通胀负面影响持续，主要经济体货币政策预期不定，重大全球性问题解决乏力，全球经济发展比过去面临更大的困难和挑战，能源格局在动荡调整中加快转型变革。随着高质量发展持续推进，我国经济运行企稳回升，成为推动世界经济的重要动力源，能源生产需求恢复向好。综合考虑宏观经济、国际能源供应形势、政策影响等因素，运用基于 S 曲线模型的趋势外推法、部门分析+清洁替代预测法等，并综合国内外权威研究成果，对我国 2024 年和 2025 年能源生产消费情况预测如下。

2024—2025 年能源消费总量保持增长。预计 2024 年能源消费总量约为 59.4 亿 t 标准煤，同比增长 3.8%，增速同比下降 1.9 个百分点；2025 年能源消费总量约 60.9 亿 t 标准煤，同比增长 2.5%。

2024—2025 年能源供应保障能力持续增强。预计 2024 年能源生产总量约为 49.8 亿 t 标准煤，同比增长 3.1%，增速同比降低 1.1 个百分点，低于能源消费预测增速 0.7 个百分点；2025 年能源生产总量约 50.9 亿 t 标准煤，同比增长 2.2%。

5.2.1 煤炭

2024 年我国煤炭产量有望保持稳健，进口增长较快，煤炭安全稳定供应能力大幅提升，煤炭生产结构持续优化。综合来看，2024—2025 年煤炭供应朝宽松方向发展，考虑进口煤的补充调剂，全国煤炭供应总量仍将保持增长态势，煤价逐渐进入合理区间。预计 2024 年我国原煤产量约为 47.2 亿 t，同比增长 0.2%；2025 年原煤产量约 48.1 亿 t，同比增长 1.8%。我国原煤产量预测如图 5-7 所示。

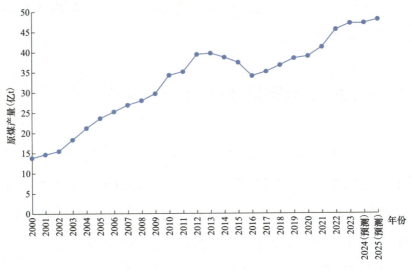

图 5-7　我国原煤产量预测

2024 年受清洁能源发电挤压及相关行业需求不足影响，原煤消费量预计有所下滑，全年消费量约为 47.1 亿 t，同比下降 0.5%；2025 年原煤消费量约 47.8 亿 t，同比上升 1.5%。我国原煤消费量预测如图 5-8 所示。

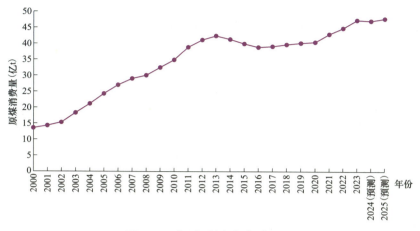

图 5-8　我国原煤消费量预测

当前国内煤炭市场总体预期向好，煤炭需求将保持稳定，煤炭供给体系质量提升、应急保供能力增强，预计煤炭市场供需将保持基本平衡态势；2025年随着煤炭需求逐步放缓，煤炭供需整体保持平衡。2024—2025 年我国煤炭供需形势预测如图 5-9 所示。

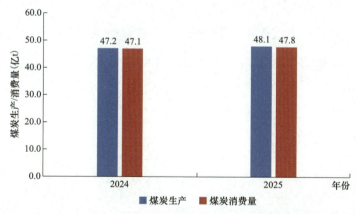

图 5-9　2024—2025 年我国煤炭供需形势预测

5.2.2　石油

根据 2024 年 3 月国家能源局发布的《2024 年能源工作指导意见》，要加大油气勘探开发力度，推进老油田稳产，加快新区建产，强化"两深一非一稳"重点领域油气产能建设，原油产量稳定在 2 亿 t 以上。预计 2024 年我国原油产

量约 2.14 亿 t，同比增长 2.4%；2025 年原油产量约 2.18 亿 t，同比增长 2.1%。我国原油产量预测如图 5-10 所示。

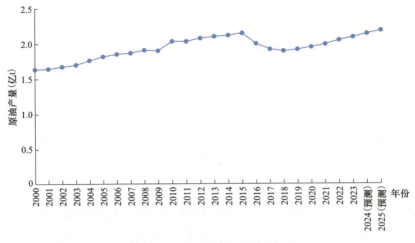

图 5-10　我国原油产量预测

2024 年我国石油需求将稳中有升，增量主要来自煤油和化工用油。长期来看，随着再生替代能源的规模扩大，我国石油需求将于 2030 年前达峰，峰值约为 7.8 亿～8 亿 t。预计 2024 年我国原油消费量约为 7.72 亿 t，同比增长 1.1%；2025 年原油消费量约 7.79 亿 t，同比增长 0.8%。我国原油消费量预测如图 5-11 所示。

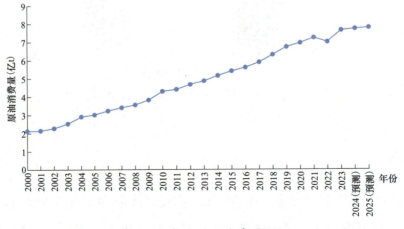

图 5-11　我国原油消费量预测

原油生产增速与原油消费增速差别较小，预计原油进口将维持较高水平，供需缺口保持平稳。2024—2025 年我国原油供需形势预测如图 5-12 所示。

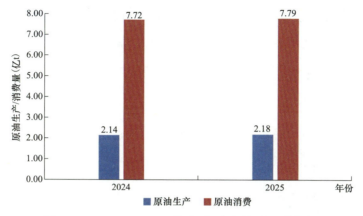

图 5-12　2024—2025 年我国原油供需形势预测

5.2.3　天然气

2024 年，全国能源系统及油气企业坚决实施"大力提升油气勘探开发力度七年行动计划"，推进油气增储上产，中俄东线进口气按达产计划增供，液化天然气进口维持增长态势。预计 2024 年我国天然气生产保持良好增长，天然气增产持续超过百亿立方米，产量达 2460 亿 m^3 左右，同比增长 5.8%；2025 年天然气产量约为 2576 亿 m^3，同比增长 4.7%。我国天然气产量预测如图 5-13 所示。

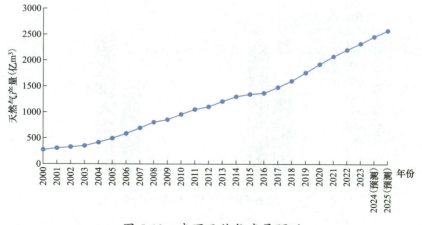

图 5-13　我国天然气产量预测

2024 年，预计我国发电领域用气受气电装机增加快速增长，交通领域用气受 LNG 经济性明显、LNG 重卡销量增长带动用气增加，工业、城市燃气领域用气受经济持续向好拉动呈现较快增长态势。预计 2024 年天然气消费量约为 4220 亿 m³，同比增长 7.0%；2025 年天然气消费量约为 4473 亿 m³，同比增长 6.0%。我国天然气消费量预测如图 5-14 所示。

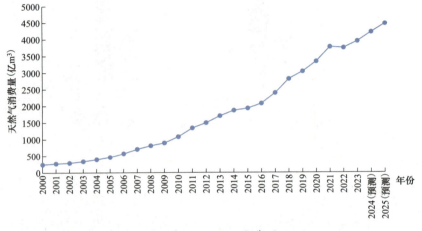

图 5-14　我国天然气消费量预测

　　我国天然气生产与消费之间仍存在较大缺口，天然气供不应求的情况仍将持续，对外依存度保持在高位。预计 2024 年天然气缺口约为 1760 亿 m³，同比增加 139 亿 m³；2025 年天然气缺口约 1898 亿 m³，同比增加 138 亿 m³。2024—2025 年我国天然气供需形势预测如图 5-15 所示。

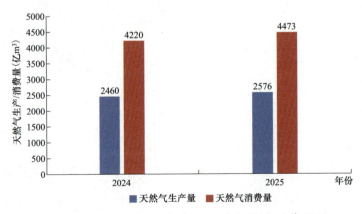

图 5-15　2024—2025 年我国天然气供需形势预测

5.2.4 电力

2024 年，我国经济运行将稳中向好，传统行业用电量平稳增长，新型基础设施保持快速增长态势，为电力需求增长提供有力支撑。预计 2024 年我国全社会用电量将达到 9.9 万亿 kWh 左右，同比增长 7.5%左右；2025 年全社会用电量约为 10.41 万亿 kWh，同比增长 6.0%左右。我国全社会用电量预测如图 5-16 所示。

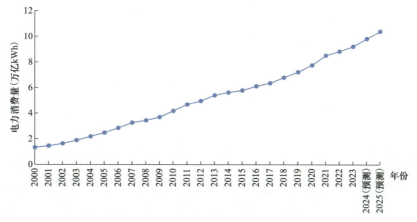

图 5-16　我国全社会用电量预测

预计 2024 年全国新增发电装机规模与 2023 年基本相当，其中并网风电和太阳能发电合计新增装机规模达到 3 亿 kW 左右。年底全国发电装机容量预计达 33 亿 kW 左右，同比增长 13.0%。其中，非化石能源发电装机 19 亿 kW 左右，占总装机的比重上升至 57.5%，同比提升 3.6 个百分点；并网风电和太阳能发电合计装机容量达到 13.5 亿 kW 左右，占总装机比重将首次超过 40%；火电发电装机 14.6 亿 kW，其中煤电装机 12 亿 kW，占总装机比重降至 37%以下。2024—2025 年我国发电装机容量预测如图 5-17。

2024 年夏季我国大部分地区气温较常年同期偏高，东部季风区降水总体偏多，气候状况总体偏差，极端天气气候事件偏多，预计用电最高负荷保持较快增长，全国最高用电负荷达到 14.5 亿 kW。综合电力需求、电力供应发展情况，考虑备用容量、机组检修/受阻、跨省跨区互济等因素，预计 2024 年全国电力供需平衡偏紧，局部地区高峰时段电力供需紧张。若出现燃料供应不足、极端天气等情况，用电高峰时段电力缺口将进一步扩大。

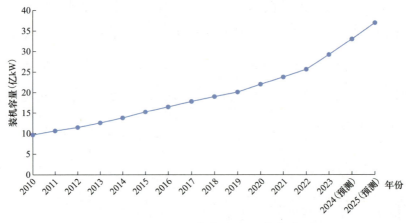

图 5-17　2024—2025 年我国发电装机容量预测

第 6 章

我国能源行业发展趋势分析及建议

6.1　发展趋势分析

我国能源行业全面贯彻党的二十大精神，深入落实党中央、国务院决策部署，有力应对全球经济复苏乏力、能源市场深刻调整、能源商品价格持续波动等多重挑战，在切实保障能源安全稳定供应的基础上，加快构建新型能源体系，积极参与应对气候变化全球治理，能源高质量发展再上新台阶。展望未来，面对全球地缘冲突持续、经济增速放缓、国际贸易发生结构性变化、能源格局重构加速演进等不确定因素交织的复杂环境，我国能源行业将坚定担起保障国家能源安全的职责使命，深入推进能源革命，积极稳妥推进碳达峰碳中和，在中国式现代化新征程上贡献能源力量。

结合近期相关政策及能源行业发展热点问题，我国能源发展将呈现以下新特点。

1. 新能源是未来能源发展的主要方向，分布式新能源将推动能源利用方式调整

联合国政府间气候变化专门委员会研究认为，为把全球升温控制在 1.5℃左右，2050 年可再生能源应占电力供应的 70%～85%，国际能源署、国际可再生能源署等机构的研究也指出，2050 年全球 85%～90% 的发电将来自可再生能源。我国在可再生能源技术领域优势明显，截至 2023 年年底，我国电能在终端能源消费占比接近 28%，处于国际前列。全国可再生能源发电总装机 14.7亿 kW，占全国发电总装机的 50.4%，占全球可再生能源发电总装机约 40%，全年新增可再生能源发电装机占全球新增可再生能源发电装机总量的 50% 以上，可再生能源发展保持全球领先地位。受能源资源分布条件的影响，我国形成了跨区域、远距离、大规模的能源输送模式和以化石能源为基础的能源体系，不仅造成能源损耗，而且电力输送能力不足制约了风电和光伏发电的利用率。随着能源结构由以化石能源为主体向以新能源为主体的转变，以化石能源为基础的能源生产关系将发生颠覆性变化。数字技术、互联网技术与分布式电源与

储能技术的深度融合，未来以分布式开发和本地化利用为特征的微型电网系统将弥补传统电力系统的不足。与化石能源资源分布相比，风、光等可再生能源在地球上普遍存在，区别只是能量密集高低的问题，因此分布相对均衡，小规模、分散化的分布式微网开发利用方式能够有效提升能源供给能力，推动能源资源分配方式由大范围供需协调向大范围供需协调与小范围自给自足协同转变。

2. 储能的规模化、经济化发展成为新能源发展的必要支撑

风电光伏仍是新能源发展的主体。据测算，我国风电的技术可开发量超过100 亿 kW，光伏发电的技术可开发量超过 450 亿 kW。2060 年前实现碳中和，我国风电光伏装机规模将达到 50 亿 kW 以上，约是目前装机总量的 5 倍。风电光伏发电间歇性、波动性大，大规模、高比例接入需要抽水蓄能、储能等调节性电源作为支撑，从而平抑或减少风电光伏发电出力不稳定的影响。为服务国家"双碳"战略，西部省份清洁能源基地规模不断扩大，面对新能源大规模、高比例发展，电力系统灵活性资源不足的问题日益突显，迫切需要储能参与灵活性调节。国务院印发的《2024—2025 年节能降碳行动方案》指出，要积极发展抽水蓄能、新型储能，到 2025 年年底，全国抽水蓄能、新型储能装机分别超过 6200 万 kW、4000 万 kW，抽水蓄能及电化学储能将迎来快速规模化发展阶段。此外，氢能作为清洁高效的二次能源，既可直接应用于交通、工业等领域，也可通过电解水制氢转化为稳定的化学能并长周期储存，在电力系统需要时再次发电，助力提升我国能源系统的整体效率。绿氢储能系统由于具备大容量、长周期、清洁高效的特性，可以在月度或季度的长周期储存能量，被认为是能够良好匹配可再生能源电力的储能方式。而且，相比于抽水蓄能，氢储能受地理因素限制较小，还可通过增加氢气储罐尺寸，以较低的边际成本扩大其储能能力，未来相关领域激励政策重点在于促进多种储能灵活调节技术的规模化应用。

3. 人工智能等新兴产业发展将大幅增加用能需求

AI 技术发展带动数据中心用电需求激增。根据工信部公布数据，2023 年

我国基础设施算力总规模230EFLOPS，其中智能算力规模70EFLOPS，增速超过70%，成为算力快速增长的驱动力。经中国信通研究院预测，未来五年全球算力以超过50%的速度增长，2030年计算设备算力规模将达到20ZFLOPS（2022年20倍以上）。AI技术对电力的消耗主要体现在训练和推理环节，GPT-3单次训练耗电量就高达128.7万kWh，相当于120个美国家庭一年的用电量。微软最近宣布由于数据中心的扩张其二氧化碳排放量自2020年以来增长了近30%，谷歌2023年的温室气体排放量也比2019年高出近50%，这主要是由于与数据中心相关的能源需求。目前，人工智能的能源使用量仅占技术行业电力消耗的一小部分，大约占全球总排放量的2%～3%。然而，随着越来越多的企业、政府及组织利用人工智能来提升效率和生产力，未来由数据中心产生的用能需求将进一步扩大，已成为许多地区电力需求增长的重要驱动力。从整体趋势来看，支撑人工智能发展所需的计算能力正以惊人的速度增长，大约每100天就会翻一番，随着这些系统的日益普及与技术的不断精进，模型的训练与运行将引发全球数据中心数量及其能耗的急剧攀升，呈现出指数级增长态势，这一趋势未来无疑将给本就承受重压的电网系统带来更加严峻的压力。

4. 极端天气对能源供应安全影响不断加大

极端天气会导致能源电力需求快速增长、尖峰负荷激增、供应可能中断、安全运行紧绷等突出风险，是亟待引起重视的非传统安全风险。近年来连续高温、寒潮频发多发，刺激降温负荷和取暖负荷不断攀升，导致能源供需紧张进一步加剧。2022年度夏期间四川空调负荷达到1800万kW，占全部负荷比重的1/3，同时气候异常导致四川来水较少，水电发电能力急剧下降，导致长时间限电情况发生。同时，极端天气增加了可再生能源的供给风险，如云朵增多影响光伏出力，无风天气影响风电出力。异常气温影响发电设施效率，极端高温会导致煤电、核电由于冷却水温度升高而发电效率下降，光伏电池板发电效率和寿命降低。极端低温会导致光伏、风电、煤电等发电设施冻胀损坏。从能源传输看，极端天气将对电网、油气管网等安全运行带来巨大风险，对依靠调入能源的区域尤其不利，如台风暴雨所诱发的泥石流灾害会造成电力、油气管道设施毁灭性损坏。同时，极端天气影响能源资源运输，极端天气对能源资源主产区的能源生产和沿途省份的能源运输的影响，容易导致一次能源断供情况发生。面对可能常态化的极端天气，亟待建立体系化、长效化的能源安全应对举措。

5. 能源市场机制改革走向"深水区"

通过改革破解深层次体制机制障碍、建立实现能源价值的市场化机制，是激发行业发展澎湃动能和活力的关键一招。能源行业的市场化改革正在走向"深水区"。在顶层设计层面，多个领域的重磅文件已经出台，2023 年 7 月召开的中央全面深化改革委员会第二次会议审议通过了《关于推动能耗双控逐步转向碳排放双控的意见》《关于进一步深化石油天然气市场体系改革提升国家油气安全保障能力的实施意见》《关于深化电力体制改革加快构建新型电力系统的指导意见》等一系列重要文件，为中国能源行业的未来发展指明方向。在电力体制改革方面，中央明确提出需要科学合理设计新型电力系统建设路径，在新能源安全可靠替代的基础上，有计划分步骤逐步降低传统能源比重；要健全适应新型电力系统的体制机制，推动加强电力技术创新、市场机制创新、商业模式创新。从实践操作层面，加快建设全国统一电力市场、油气全国一张网，持续优化用能营商环境，全面提升能源领域市场化水平不断走深。以电力市场建设为例，建设全国统一电力市场是加快全国统一大市场建设的有机组成部分。《关于加快建设全国统一电力市场体系的指导意见》制定的目标是：到 2025 年，全国统一电力市场体系初步建立；到 2030 年，全国统一电力市场体系基本建立。市场机制已逐步在能源资源配置中起到了决定性作用，我国市场化交易电量占比从 2016 年的不到 17%上升到 2023 年的超过 61%。下阶段预计将进一步加强中长期与现货市场的衔接、电能量市场与辅助服务市场的衔接、省内或区域内市场与省间市场的衔接、绿证（电）市场与配额制及碳市场的衔接。

6. 以共享发展为目的的国际能源合作加快推进，新兴市场不断涌现

在全球共同应对气候变化的大背景下，能源国际合作不仅要统筹利用"两

个市场、两种资源"，保障我国能源安全，也要积极参与全球能源治理，推动构建人类命运共同体。充分利用国际国内两种资源和两个市场，持续推进对外能源合作，是保障中国能源安全的一项基本方针，也是中国能源战略体系的重大战略组成部分。经过多年的发展和积累，我国新能源产业取得巨大成就，不仅发电量、发电装机容量占比直线上升，而且新能源发电装备制造业也大踏步走向世界。作为新能源装备制造业大国，在产品出口欧美地区受阻的形势下，我国开辟新市场及通道已成为必然。近年来，发展中国家推进碳中和的力度大，屡经电力短缺"洗礼"的东南亚地区国家，以及发展新能源愿望强烈的中东地区、非洲地区都是重要的战略选择对象。鉴于我国油气需求长期处于高位的现实，下阶段保持与中东地区国家稳定的油气投资和贸易关系非常必要，有利于形成我国与中东地区国家以能源为纽带的利益共同体，有利于稳定我国海外油气供应渠道，提升我国能源安全保障水平。可以预见，未来中国将持续加强能源绿色合作，重点稳固中东和中亚能源市场，积极拓展东北亚和俄罗斯、欧洲能源市场，助力中国能源企业"走出去"，开展绿色能源投资，帮助东道国实现能源绿色转型，降低碳排放。

6.2 应对策略及建议

6.2.1 推动能源高质量发展建议

在全球能源电力产业处于大调整、大变革、大转型的关键时期，常规化石能源的有限性及其开发利用带来的环境污染和气候问题，对当前能源格局提出重大挑战。我国在"双碳"目标和"四个革命、一个合作"能源安全新战略的背景下，能源电力发展须全面提升研究能源新情况、解决能源新问题的能力，全力推动能源电力高质量发展迈上新台阶。党的二十大报告明确提出"积极稳妥推进碳达峰碳中和，立足我国能源资源禀赋，坚持先立后破，有计划分步骤实施碳达峰行动，深入推进能源革命，加强煤炭清洁高效利用，加快规划建设新型能源体系，积极参与应对气候变化全球治理"。我国能源电力行业高质量发展的战略重点应围绕以下几大方面展开。

1. 扎实推进新能源基础设施建设。适应能源转型需要，进一步建设新能源基础设施网络，实施可再生能源替代行动，夯实国家新能源发展和安全根基。持续推动风电光伏发电体系快速发展，坚持集中式和分布式并举、陆上和海上并重，加快推动以沙漠、戈壁、荒漠地区为重点的大型风电光伏基地建设，试点推动深远海海上风电开发，编制全国主要流域水风光一体化规划，组织开展"千乡万村驭风行动""千家万户沐光行动"，结合"三北"六期工程统筹推动光伏治沙，推动油气勘探开发与新能源融合发展。因地制宜推动生物质能、地热能、海洋能等新能源发展；科学规划、有序推动抽水蓄能电站建设，推动新型储能多元化高质量发展，积极开展火电灵活性改造。加快特高压柔性直流输电技术创新应用，推进电网基础设施智能化改造和智能微电网建设，开展配电网高质量发展专项行动，研究提升电力智能调度水平，发挥储能的系统调节作用，提高电网对清洁能源的接纳、配置和调控能力。

2. 促进终端用能电气化低碳化。我国目前的能源强度是欧盟 25 国的近 4 倍、美国的 3 倍多和日本的 6 倍多，能源利用效率还有较大的提升空间。节能提效是实现碳达峰、碳中和的重要举措。应坚决遏制高耗能、高排放项目盲目发展，推动超低能耗建筑规模化发展，构建绿色低碳交通运输体系，推进数据中心、5G 基站等新基建领域节能提效。完善电能替代激励政策，鼓励以电为主的用能模式，工业领域以生产加热、烘干、蒸汽供应等环节为重点，实施高温热泵、电加热等电能替代，推动化工、冶金领域可再生能源制氢示范应用。建筑领域广泛使用太阳能热水器、电炊事等，积极推进北方地区清洁取暖，推动以电力、天然气、生物质、地热、工业余热等清洁低碳能源替代燃煤供暖。深挖工业领域节能潜力，工业企业是节能提效的重中之重，持续推动工业领域淘汰落后产能和节能技术改造，积极推动生产工艺革新、流程再造和数字化智能化升级，组织重点企业提升用能精细化管理水平。

3. 推动算力与电力协同发展。当前，大模型技术引发人工智能算力需求爆发式增长，数据中心加速智算化演变，对安全稳定电力供应提出更高要求。同时，不断深化的绿色能源革命和电力市场化改革，对能源管理、智能电网、智能调度、电力交易等领域提出了更多智能化的要求，同时也需要更多的算力对其进行支撑，"智算+新能源"融合发展成为构建新型电力系统的必然要求。数据中心作为国家节能降碳管控重点，是落实"双碳"目标和能耗双控要求的重要环节。算力与电力协同发展，需要加强数据中心时间、空间分布特性以及用电结构变化规律分析，超前研判数据中心参与源网荷储一体化、新能源直供电方式，引导数据中心通过电力市场提升绿电占比。同时，进一步统筹数据中心发展需求和新能源资源禀赋，科学整合源荷储资源，开展算力、电力基础设施协同规划布局。整合调节资源，提升算力与电力协同运行水平，提高数据中心绿电占比，降低电网保障容量需求。探索光热发电与风电、光伏发电联营的绿电稳定供应模式。探索新能源就近供电、聚合交易、就地消纳的"绿电聚合供应"模式。加强数据中心余热资源回收利用，满足周边地区用热需求。提前规划布局算力与电力协同项目，为数据中心绿色低碳发展提供参考。

4. 加强我国碳排放双控基础能力建设。积极稳妥推进碳达峰碳中和，有序推进碳排放双控，当务之急是先摸清"碳家底"，必须要以准确的计量、健全的标准和可信的认证为基础。应加快研发高准确度烟气流量测量技术，扩大碳监测试点行业覆盖范围，增加参试企业，健全监测数据质量控制评价体系。构建全国碳排放在线监测管理平台，应用数字化技术实现重点行业碳排放数据实时监测、自动校验和智能预警。逐步将碳排放连续监测纳入全国碳市场碳排放核算体系，与核算法形成数据交叉验证，提高全国碳市场碳排放数据质量和报送效率。同时推进碳足迹核算与认证国际衔接互认，定期发布国家、区域和省级电网排放因子，并形成动态更新机制。规范碳足迹核算认证机构市场准入管理，支持将碳足迹纳入绿色政府采购、企业绿色供应链建设和产品市场准入体系。同时，与主要贸易伙伴建立碳足迹核算认证机构资质互认机制，提高国内认证机构国际认可度。

5. 加大核心装备开发力度，夯实新型电力系统发展基础。核心装备的升级及创新助力支撑高比例新能源接入系统和外送消纳。新型电力系统建设对输电、用电设备提出了更高要求，需构建具有中国特色的交直流电网系统，夯实特高压输电技术，突破关键核心装备升级创新，以支撑电力供给结构由化石能源发电为主向新能源提供可靠电力转变。另一方面，煤电将逐步由主体电源向基础保障性、系统调节性电源转型，煤电调峰机组面临日内启停次数增多，折旧磨损可靠性降低的挑战，负荷尖峰化、随机化的背景下，需针对煤电机组在新型电力系统中的定位转变，加快研究后续新建煤电机组如何主动优化设计以满足日内多次启停调峰运行要求，提升调峰设备的安全可靠性，保障电力系统安全运行。

6. 持续深化能源体制机制改革。统筹有效市场和有为政府，健全适应新能源高质量发展的体制机制。健全能源法律法规体系，推动出台能源法，抓紧修订可再生能源法。加强能源标准体系建设，完善引领能源清洁低碳发展的相关标准和技术规范。进一步优化能源领域营商环境，增强各类经营主体的创新活力。健全完善能源市场体系，建立全国统一电力市场体系，完善电力中长期、现货、辅助服务交易有机衔接机制。适应新能源大规模接网需求，进一步完善电力辅助服务市场基本规则和绿证绿电交易机制，促进绿色电力消费。明确各类新能源项目参与市场的时间表、路线图，推动新能源发电稳妥有序进入市场；研究促进智能微电网发展的改革措施，积极培育新能源开发利用的能源生产消费新业态、新模式。加快煤电容量电价机制建设，进一步稳定煤电行业预期。

7. 全方位加强能源国际合作。以共建"一带一路"为引领，充分利用国内国际两个市场、两种资源，不断优化能源合作的模式和条件。拓展能源多元合作新局面。举办第三届"一带一路"能源部长会议，加快推进"一带一路"绿色能源合作，推动更多绿色能源合作项目落地。统筹深化中俄能源合作，加强中欧在氢能、储能、风电、智慧能源等领域技术创新对话合作，务实开展中美能源领域交流；积极参与全球能源治理。深化与发展中国家绿色产能合作，积极推动风电、太阳能发电、智慧电网等项目落地。积极探索与发达国家、东道国和跨国公司开展多方合作的有效途径，深入推进与重点能源资源国的互利合作。编制全球清洁能源合作区域指南，持续深化绿色能源合作，加强与周边国家电力互联互通，推动构建能源绿色低碳转型共赢新模式；加强标准体系国际衔接互认。加强绿色低碳能源技术、标准制定等国际合作，推动可再生能源绿色电力证书国际认可，有效应对美西方碳关税政策影响。

6.2.2　提升能源安全保障能力建议

《2024 年政府工作报告》在"2024 年政府工作任务"中提出，"强化能源资源安全保障，加大油气、战略性矿产资源勘探开发力度。加快构建大国储备体系，加强重点储备设施建设"。从提升我国能源安全保障能力来看，重点应加强以下六个方面工作。

1．科学统筹能源高质量发展和高水平安全。能源安全事关经济社会发展全局。习近平总书记强调，能源保障和安全事关国计民生，是须臾不可忽视的"国之大者"。统筹能源高质量发展和高水平安全，重点应夯实能源供应保障基础，立足国内资源禀赋，多措并举增加能源供给能力，有序释放煤炭先进产能，加大油气勘探开发力度，强化能源储备能力建设，提升能源区域互济、供需互动能力；积极发展清洁能源，推进新型电力系统建设，大力推动新能源高质量发展，持续提升非化石能源供给能力；建立健全应对突发事件的预警和应急机制，切实提升极端天气、自然灾害等情形下能源系统韧性。

2．大力推进国内矿产资源增储上产。大型煤炭矿区是我国煤炭供应保障的重要支撑，为国家能源安全稳定供应和经济社会发展作出了重大贡献。近年来，由于受煤炭市场需求拉动、矿区高强度开发、煤炭产量大幅增加等因素影响，部分大型煤炭矿区可采资源量减少、服务年限缩短。应进一步加大资源勘查力度，增加后备煤炭资源储量，保障煤炭资源供应链安全稳定。站在维护国家能源安全和产业链供应链安全的高度，科学确定大型煤炭矿区战略定位，加大煤炭资源勘查和资源评价工作力度，大力开展煤炭详查和精查，增加煤炭资源储量，提高煤炭资源支撑保障能力。支持大型现代化煤矿项目建设，优化煤炭产业结构，提升集约高效化水平。在控制产能总量的前提下优化煤炭生产结构，规划建设新的大型煤炭矿区，推动大型现代化煤矿项目建设，加快核准建设安全高效煤矿、大型现代化露天煤矿、智能化煤矿，鼓励支持深部煤炭资源安全开采试验矿井建设，增强大型煤炭矿区稳产增产的潜力。

3. 探索建设能源超级盆地。能源超级盆地具备化石能源储量规模和生产能力大、新能源规模化生产与利用成本低、储气库储能库规模和数量多、规模化碳捕集和地下储存能力强、基础设施和管网系统相对完备等特点。拥有丰富的化石能源资源、低成本的新能源、规模化的碳捕集利用与封存（CCS/CCUS）能力的"能源超级盆地"，具备建设多能互补综合能源供给体系、实现源网荷储高效匹配的优势，将成为引领能源革命、建设新型能源体系的主力军。加快将能源超级盆地建设上升到国家层面，开展能源超级盆地建设顶层设计，会同有关省份、能源企业，统筹制定能源超级盆地建设整体规划和实施方案，明确发展目标与路线图，部署安排产能建设、科技攻关、政策支持等相关重点任务，有序推进能源超级盆地建设，同时补充完善相关产业政策，推动出台化石能源和新能源多能融合开发，油网、气网、电网、碳网等多网联动的具体政策，实现多产业链一体化建设运行。

4. 强化能源设施稳定安全，提升能源电力系统应对气候变化韧性。加强能源、电力系统极端天气和气候灾害模拟、监测与控制等技术和方法研究，建立灾害预警模型，形成能源、气象、水文、水利等部门常态化会商研判工作机制、信息共享机制，提前预测极端天气发生情况和气候灾害影响范围。建立能源气候联动预测模型，提高极端天气下负荷预测精度。根据极端天气特点制定能源紧急应急预案，建设能源系统灾害应急管理信息平台，加强煤炭、天然气、电力供需监测分析、跟踪评估、应急物资保障和区域协调。研究气候韧性能源供给冗余幅度，把极端天气因素纳入能源规划考虑因素范畴，推进气候韧性与冗余保障协同治理。因地制宜推进能源行业安全标准体系完善，结合极端天气分地区分品种加强能源设施标准适应性，强化重要能源设施应对极端天气冲击的能力。研究制定极端天气能源系统快速恢复新机制，分级建立健全大面积停电事件、反事故应急预案体系，加强供电恢复和油气长输管道保护应急处置能力建设。

5. 充分发挥煤电在积极稳妥推进碳达峰碳中和进程的战略价值。我国以煤为主的资源禀赋和目前大量优质存量煤电机组的现状，在中长期电力需求持续增长的总体趋势下，煤电在电力安全保供、规模化降碳减碳、支撑新能源发展等方面仍将发挥举足轻重的作用。我国现存煤电中约有 6 亿～7 亿 kW 高参数、大容量、低排放煤电机组资产，且我国煤电平均服役期仅为 15 年，是我国电力系统保持安全稳定运行、实现电力电量平衡、提供系统调节能力的"压舱石"，在新能源尚未对传统能源实现安全可靠替代之前，应用好用足这些战略性资源，有序开展煤电机组清洁低碳化发展，积极稳妥推进碳达峰碳中和。综合国内等多家权威科研机构研判，到 2060 年碳中和期，煤电装机容量仍要保留 4 亿 kW 以上，才能满足能源电力保供需求。在夯实电力保供基础的同时，还需进一步向支撑性调节性电源定位转型，对快速变负荷、深度调峰、启停调峰等功能特性提出了更高要求，平常时段为新能源发电让出发电空间、风光低出力与负荷高峰时段顶峰出力，支撑新能源高质量发展。

6. 因地制宜、协调发展多类型调节性资源，提升和优化电力系统灵活调节水平。随着新型能源体系建设不断推进，新能源将保持快速发展态势，电力系统常规调节能力增长相对缓慢，系统调节需求快速提升，对调节资源的爬坡速率、响应容量及经济性、安全性等方面提出更高的需求。围绕不同应用场景及经济性、安全性的需求，强化规划引领作用，开展系统调节能力建设方案编制，统筹推进常规电源、需求侧响应、储能等各类调节资源建设，因地制宜推动各类调节资源科学配置，形成多种手段和方式优化组合的调节能力，适应新型电力系统多时间尺度和多应用场景的需求，做到安全、经济和环境协调发展。探索布局建设共享式储能，尤其是在电网侧集中配置大容量共享式储能，充分发挥规模化储能应对调峰、调频、调压等调节需求的综合效益，减少电网调度管理的对象，促进资源集约利用和降本增效。同时，推动新能源场站按照配比要求购买或租赁共享资源及相应服务，解决新能源场站配储利用率低和缺乏投资回收机制等问题，实现多方共赢。

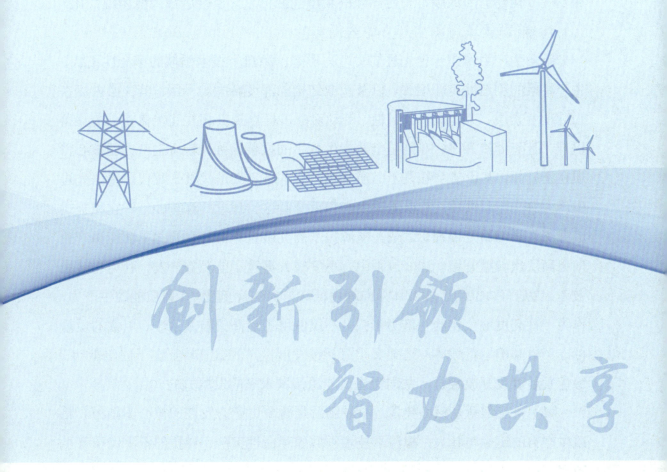

专　题

我国能源行业新质生产力发展的影响

创新引领
智力共享

2023 年 9 月，习近平总书记在黑龙江调研考察期间首次提出"新质生产力"的概念，2024 年"新质生产力"首次被写入政府工作报告，"大力推进现代化产业体系建设，加快发展新质生产力"在政府工作任务中被列为首位。新质生产力是由技术革命性突破、生产要素创新性配置、产业深度转型升级催生的当代先进生产力。与传统生产力形成鲜明对比，新质生产力是创新起主导作用，摆脱传统经济增长方式、生产力发展路径的先进生产力，具有高科技、高效能、高质量特征。发展新质生产力是推动高质量发展的内在要求和重要着力点，而能源领域的高质量发展以"四个革命、一个合作"能源安全新战略为根本遵循，2024 年恰逢能源安全新战略提出十周年，因此有必要探索能源领域新质生产力的培育与发展路径，以其为基础支撑和根本动力，推动能源革命向纵深发展，构建清洁低碳、安全高效的新型能源体系，实现中国式能源现代化。

　　1. 能源领域新质生产力的内涵与特征

　　新质生产力作为一种先进的生产力形态，源自于技术领域的革命性飞跃、生产要素的创造性重新配置，以及产业结构的深度转型与升级。其核心内涵在于劳动者素质、劳动资料先进性、劳动对象多样性及其相互间优化整合的显著提升，而衡量其关键标准则是全要素生产率的显著增强。新质生产力的核心特质在于创新，其价值精髓在于品质卓越，其本质定义是代表了时代前沿的先进生产力。在能源领域，新质能源生产力正是对这一理念的深刻践行。它积极响应并深入贯彻新发展理念，依托能源技术的突破性革命，引领并驱动能源产业向更高层次转型升级。这一过程中，不仅极大提升了能源的开发、利用与转换效率，更是有力推动了能源体系向绿色低碳方向的深刻变革。新质能源生产力，作为一种高度现代化的生产力形式，不仅展现了更高的技术水平、更优的质量标准、更高的运行效率，还兼具了可持续发展性，其显著特征在于创新驱动、绿色发展以及开放融合，共同塑造了能源领域未来的发展方向。

　　（1）科技创新是核心要素。科技创新是新质生产力发展的核心驱动力。新质生产力的诞生与壮大，根源于技术领域的革命性突破。科技创新不仅孕育了新兴产业、创新模式与强劲动能，更成为推动新质生产力持续跃升的关键要素。

因此，新质生产力的构建与发展，必然要以科技创新为引领旗帜，坚定不移地聚焦于原始创新与集成创新的双重推进，加速能源科技领域的自主化进程，力求在关键技术上实现国产化突破，并促进产业链上下游的技术协同与整体进步。

在此过程中，需敏锐洞察并紧跟那些能够引领产业技术深刻变革的趋势与方向，确保科技创新成果能够及时转化为现实生产力。需要以科技创新为引擎，驱动能源产业的全面创新，既要对煤炭、火电等传统产业进行技术改造与升级，也要积极培育并壮大新能源、高端装备等战略性新兴产业的规模与实力。同时，还应前瞻性地布局氢能、碳捕获利用与封存（CCUS）、核聚变等未来产业，不断完善和优化现代化能源产业体系，从而推动生产力实现质的飞跃。此外，鉴于新业态、新模式所带来的生产要素配置新需求，还需深入推进能源体制机制的创新改革，以构建与新质生产力相适应的新型生产关系。这一改革旨在打破束缚，促进新能源、储能、能源大数据、新型能源管理模式等优质生产要素的自由流动与高效配置，确保相关要素能够顺畅地融入并推动新质生产力的蓬勃发展。

（2）绿色低碳是发展底层要求。绿色低碳是高质量发展的坚实底色，而新质生产力，其本质即为绿色生产力的典范。在追求新质生产力壮大的过程中，绿色能源产业的蓬勃发展以及能源体系向绿色低碳的全面转型，不仅是核心路径，也是支撑碳达峰、碳中和目标达成的关键基石。为此，新质生产力在能源领域的推进，必须紧密依托新技术、新模式与新业态的强劲驱动，确保供给侧与需求侧的协同并进，共同推动能源领域的深刻变革。

具体来看，在供给侧需聚焦于清洁能源技术、新型储能技术、智能电网技术、多能源耦合利用技术以及数智技术的深度融合与创新应用，以此为支撑，大力推动多能互补综合能源基地与能源互联网等新型模式的蓬勃发展，构建出一个既多能互补又多轮驱动的清洁能源供应体系，实现能源供应的多元化与高效化。而在需求侧，则需秉持节约优先的原则，将发展重心放在新能源微电网、智慧综合能源系统、虚拟电厂、光储直柔等前沿模式与业态的培育与推广上。

这些创新模式与业态的广泛应用，将有力促进终端用能方式的清洁化与低碳化转型，显著提升能源利用效率，从而在总量控制与强度降低两个维度上，实现碳排放的有效管理，为绿色低碳发展奠定坚实基础。

（3）开放与合作是推动发展的关键路径。新质生产力，作为生产力的最新表现形式，其跨越传统界限的特性要求在技术、产业、市场以及国际合作等多个维度上实现开放与深度融合，以此强化并扩展能源产业链。在技术维度上，当前技术与产业革命的显著特征是跨领域技术的深度融合，能源领域应聚焦于新能源技术与传统能源技术同新一代信息技术、人工智能、先进材料、深地深海深空探索等现代科技的紧密结合，通过技术创新解决方案的开发，持续开拓新的增长领域。在产业层面，需打破行业界限及产业链上下游的壁垒，促进产业间的交叉渗透与融合共生，鼓励产业链上下游企业间的协同创新与合作，构建绿色能源产业链与产业生态系统，并积极探索能源互联网、智能电网等新兴业态。市场方面，则需构建全国统一的能源市场体系及能-碳协同市场，通过市场机制优化生产要素配置，促进多能源市场及能源与碳市场间的融合与协同进步。国际合作方面，应深化高水平对外开放，为能源领域新质生产力的发展创造有利的国际环境，随着能源国际合作交流的深度、广度及强度的增强，新质生产力的迭代速度将加快，持续增强国际竞争力。

2. 能源行业发展新质生产力的重要意义

发展新质生产力是实现能源绿色低碳发展的重要手段。近年来，传统能源向新能源转型步伐加快。能源供应由对资源的依赖逐步转移到对科技创新的需求。在保障能源安全稳定供应的同时，大力发展新能源产业，推动传统能源清洁利用，提高能源利用效率，加快能源绿色低碳转型成为趋势。新质生产力本身就是绿色生产力。从科技创新、数字化转型、体制创新以及国际合作等多个角度来看，新质生产力的发展都将有助于推动能源产业向清洁化、智能化、综合化方向发展，全面助力能源绿色低碳转型。这不仅能够减少温室气体排放，缓解全球气候变化压力，还能够促进经济社会的可持续发展。

发展新质生产力是保障能源安全稳定供应的必然要求。当前全球碳中和进程加速，清洁能源产业竞争加剧，全球能源供应链快速重构，能源安全风险依然存在。我国经济持续回升向好，能源需求将持续保持增长，统筹能源安全保障和低碳转型的难度加大。新质生产力的发展可促进新能源和可再生能源的开发利用，推动能源结构向清洁、低碳、高效方向转变，有助于减少对化石能源的依赖，降低能源生产和消费过程中的碳排放，提高能源供应的可持续性和安全性。新质生产力的发展将推动能源产业的转型升级和高质量发展，提高能源产业的竞争力和创新能力。这将有助于增强能源供应能力，提高能源供应的稳定性和可靠性，降低能源供应中断的风险。

发展新质生产力是引导能源产业高质量发展的必由之路。战略性新兴产业、未来产业，是构建现代化产业体系的关键，是发展新质生产力的主阵地。根据国家统计局的定义，前者包括新一代信息技术、高端装备制造、新材料、生物、新能源汽车、新能源这六大产业。我国新能源汽车、锂电池、光伏产品等重点领域加快发展，在数字经济等新兴领域已形成一定领先优势。储能、氢能、虚拟电厂等新业态发展布局是打造能源新质生产力的重要手段。持续推动传统能源产业转型升级，大力培育新能源产业发展壮大，必然要在绿色能源转型大趋势下，进一步加强科技研发创新，打好关键核心技术攻坚战，培育发展我国高端能源产业链，助力全球能源转型及我国国际地位进一步提升。

3. 我国能源行业发展新质生产力重点工作

新质生产力是构建新型能源体系的基础支撑和根本动力，为纵深推进能源革命，建设中国式能源现代化，需以科技创新驱动产业创新，以数字经济赋能新型能源体系，以体制机制创新催生新型生产关系，以扩大高开放水平营造良好国际环境，着力培育与发展能源领域的新质生产力。新质生产力是创新起主导作用，具有高科技、高效能、高质量特征。在能源领域，发展新质生产力的新动能关键在于持续推动新能源和可再生能源高质量跃升发展，将重点做好以下工作。

（1）大力推进科技创新，建设能源科技创新体系。新质生产力的"新"之精髓在于科技创新，它是以科技创新作为核心驱动力和内在源泉的生产力形态。为了推动新质生产力的蓬勃发展，必须坚定不移地强化科技创新，特别是那些具有原创性和颠覆性的科技创新，力求在科技领域实现高水平的自主自立与强大。构建新质生产力的关键策略，在于精心打造"一体两翼"的战略布局。"一体"核心聚焦于科技创新，这里的科技创新并非泛泛之谈，而是指向那些蕴含巨大变革潜力的基础科学突破、前沿技术探索以及颠覆性技术的创新。这些标志性的科技创新成果，预期能够开创全新的产业疆域，并对现有产业领域产生深远而广泛的革新影响。而"两翼"则分别由战略性新兴产业与未来产业构成。在能源这一关键领域，应当集中在强化能源领域的基础研究，以及共性技术和颠覆性技术的创新上。这要求既要深化原始创新能力，也要促进集成创新的发展，构建起一个集重大技术研发、高端装备研制、示范工程项目实施以及科技创新平台搭建于一体的四位一体能源科技创新体系。此外，规划的引领作用至关重要。对符合能源现代化趋势、契合我国国情的先进技术，如新能源电力装备技术、储能氢能技术、数字技术及低碳技术等，进行长远的战略规划。同时，对于先进核能、新型非常规能源、大功率无线输电等具有颠覆性潜力的技术，应提前布局，抢占技术创新的制高点。这是一场关于新型能源体系关键核心技术的攻坚战，旨在加速实现高水平的能源科技自立自强，从而为能源领域新质生产力的培育与发展提供坚实的支撑。

（2）持续推动能源电力产业及安全的数字化赋能。数字化转型已成为驱动高质量发展的核心动力，为把握数字经济与产业信息化的蓬勃机遇，应聚焦于传统能源向新能源的转型升级，重点培育风电、光伏、储能、氢能等战略性新兴产业，同时加速运用大数据、人工智能、互联网、云计算等前沿技术，推动产业向数字化、智慧化方向快速迈进。这一进程不仅限于技术层面的融合，更致力于促进新一代电子信息、人工智能等数字技术与能源电力领域的深度融合，实现产业数字化与数字产业化的双轮驱动。具体而言，推动数字技术与能源产业的深度融合，旨在加速能源行业的数字化、智能化变革，进而促进能源数字经济与绿色低碳循环经济的协同发展。首先，需强化传统能源与数字化、智能化技术的结合，构建新型基础设施，通过智能电网的拓展，充分挖掘能源网络的潜力，构建智能调控体系，实现资源的高效精准配置。其次，依托"互联网+智慧能源"的战略布局，创新综合能源服务、虚拟电厂、车网互动等新型业务模式，促进数字能源生态系统的形成，激发能源数据作为关键生产要素的价值潜力。最后，聚焦于能源装备智能感知与智能终端、能源系统智能调控及网络安全等共性技术的突破，从能源系统的网络安全保障、能源数据管理规范化、数字化标准体系建立等多维度，完善能源与数字融合发展的支撑体系，为能源行业的转型升级提供坚实保障。

（3）扎实推进能源体制机制创新，形成新型生产关系。在推进高质量发展的征途中，体制机制创新是激活能源产业内在活力、构建现代化能源体系的关键所在。为了适应能源新质生产力的迅猛发展，必须坚定不移地深化体制机制改革，促进有效市场与有为政府的良性互动，共同塑造一种与新时代能源发展趋势相契合的新型生产关系。从宏观战略层面出发，首要任务是科学规划并动态调整新型能源体系的发展蓝图。这要求政府高瞻远瞩，充分研究国内外能源发展动态，制定出一系列具有前瞻性和可操作性的政策措施，为新能源、储能、智能电网、电动汽车等前沿领域的发展提供清晰的方向指引。同时，深化管理体制改革，打破部门壁垒，优化审批流程，确保政策的有效落地与执行。科技体制改革亦需同步推进，加大对能源领域基础研究和关键技术创新的支持力度，鼓励产学研深度融合，激发创新活力，为能源新质生产力的持续发展提供强大动力。在市场机制建设方面，构建统一开放、竞争有序的新型能源市场体系是核心。这意味着要打破传统能源市场的界限，促进各类能源主体公平参与市场竞争，形成反映能源商品真实价值的市场价格。特别是针对新能源、储能、虚拟电厂、电动汽车等新型要素，要设计出一套能够全面体现其多维价值（如能量价值、可靠性价值、灵活性价值和绿色价值）的市场交易机制。这不仅要求完善市场交易规则，加强信息披露与监管，还需利用大数据、区块链等先进技术，提升市场交易的透明度和效率。通过市场机制的创新，能够更有效地配置能源资源，激发市场主体的积极性和创造力，推动能源产业的高质量发展。此外，在推进体制机制创新的过程中，还需注重法律法规的完善与保障。要建立健全相关法律法规体系，为能源市场的健康运行提供坚实的法律基础。同时，加强执法力度，打击市场中的不正当竞争行为，维护公平竞争的市场秩序。通过政府与市场的协同作用，激发能源产业的内在活力，推动能源生产和消费革命，为实现经济社会的可持续发展贡献力量。

（4）精心培育壮大新能源产业，推动新能源技术提质增效。现阶段新能源产业呈现的是高消耗、高成本、低效率、低效益的粗放式发展方式，而新能源产业新质生产力追求的是新能源产品和服务的优质化、转换和配置的高效化、生产和管理的精益化。新能源产业新质生产力能够大幅度提高新能源装备质量、新能源发电质量、新能源服务质量、新能源转换效率、新能源消纳水平、新能源经济效益等。应通过产品技术进步、装备升级和成本下降，不断提升水电、风电、太阳能发电等清洁能源产业链发展水平，巩固扩大产业链竞争能力，积极融入全球能源低碳转型大局，为可再生能源高质量跃升发展做好支撑。在技术创新方面，聚焦新能源关键原材料和零部件、电力电子设备主动支撑技术、新能源并网稳定控制技术、新能源设计仿真软件等关键技术攻关。同时加强高空风能发电技术、第四代太阳能电池技术、微生物燃料电池、可控核聚变等颠覆性技术攻关。在新能源产业生产关系上，重点打破新能源企业与其他企业间的边界，共建新能源产业生态圈，促进新能源产业生产方式变革；在分配环节完善新能源产业生产要素参与收入分配机制，合理体现各类生产要素的市场价值，同时完善新能源价格形成机制，充分反映绿电的电能量价值和环境价值。在消费环节增强企业绿电消费意识、完善绿证绿电交易机制等，进一步提升绿电消费水平。

（5）加快构建新型电力系统，推动源网荷储融合发展。积极推动建设清洁低碳、安全充裕、经济高效、供需协同、灵活智能的新型电力系统是实现"双碳"目标，保障能源安全及国计民生的重要手段，也是下阶段能源系统发展新质生产力的重要抓手。在电源侧，应加快新能源大基地建设。加快推动前三批以沙漠、戈壁、荒漠为重点的大型风电光伏基地项目建设，有序推动项目建成投产；制定长江流域水电开发建设方案，编制藏东南（玉察），澜沧江上游，金沙江上游等主要流域水风光一体化基地规划；稳妥有序推动海上风电基地建设，推动海上风电向深水远岸发展，同时积极发展分布式新能源。加强新型调节性电源建设，统筹谋划灵活性煤电、抽水蓄能、新型储能、光热发电等调节资源发展，进一步优化抽水蓄能布局并加快建设，推动光热发电规模化发展，加快提升系统调节能力。在电网侧，应加快特高压直流（含柔性直流）建设，提高沙戈荒等能源基地外送支撑能力和受端负荷中心电力供应能力，提升电网抵御自然灾害能力。采用先进技术，提升新建输电通道新能源电量比例。研发特高压大容量柔性直流输电技术，支撑送端大规模新能源接入和受端潮流可靠疏散；改进常规直流输电技术，采用可控换相换流阀等先进技术；结合柔性直流输电具备孤岛运行能力的特点，考虑在远离主网的沙戈荒工程中探索多端直流孤岛运行的技术。超前研究低频输电、嵌入式直流等先进输电技术，扩充进一步提升输送新能源规模的技术储备。加强新能源和外送通道协同设计，超前示范应用直流组网技术。积极采用构网型技术改造新能源发电和储能，提高各类设备的涉网性能和主动支撑能力；研究长时大容量储能技术，提升对新能源的跨时段、跨季节、大幅度调节；研究藏东南等高海拔地区清洁能源基地构建技术，提出适应于多端直流送出拓扑结构的水光储多能互补联合配置方案，推动源网各环节融合发展。

附 录 名 词 解 释

【一次能源】从自然界取得的未经任何改变或转换的能源，如原煤、原油、天然气、生物质能、水能、核燃料，以及太阳能、地热能、潮汐能等。一次能源根据成因可分为三类：第一类是来自太阳热核反应释放的能量，包括直接达到地球的太阳能辐射，由太阳辐射能转化而来的原煤、原油、天然气和生物质能，以及太阳能的热效应在大气、陆地与海洋三者之间的界面产生的风能、波浪能和洋流的动能；第二类是蕴藏在地球内部的岩石和流体中的地热能，以及放射性矿物蕴藏的核能；第三类是月球、太阳和地球的相互作用产生的潮汐能。根据其能否循环使用和不断得到补充，又可分为可再生能源、非可再生能源。

【二次能源】一次能源经过加工或转换得到的能源，如煤气、焦炭、汽油、煤油、柴油、重油、电力、蒸汽、热水、氢燃料、酒精等。在生产过程中排出的余能余热，如高温烟气、可燃废气、废蒸气、废热水、有压流体等也属于二次能源。二次能源比一次能源有更高的终端利用效率，也更清洁和便于利用。

【化石能源】泛指由远古动植物的化学演变而形成的能源，如煤炭、石油、天然气、油砂以及油页岩等各种固体、液体和气体物质。

【非化石能源】化石能源之外的一次能源，包括核能、风能、太阳能、水能、生物质能、地热能、海洋能等。

【可再生能源】自然界中可以循环再生、反复持续利用的一次能源，主要包括水能、风能、太阳能、生物质能、地热能和海洋能等。

【清洁能源】即绿色能源，是指不排放污染物、能够直接用于生产生活的能源，包括核能、可再生能源、使用低污染的化石能源（如天然气等）以及利用清洁能源技术处理过的化石能源，如洁净煤、洁净油等。

【传统能源】在现阶段科学技术水平下，人们已经广泛使用、技术上比较成熟的能源，如煤炭、石油、天然气、水能等，也称常规能源。

【新能源】传统能源之外的各种能源形式，处于开发利用或研究初期，具有一定推广应用潜力的能源，如风能、太阳能、生物质能、地热能和海洋能等。

【分布式能源】是一种建在用户端的能源供应方式，可独立运行，也可并网运行，是以资源、环境效益最大化确定方式和容量的系统，将用户多种能源需求，以及资源配置状况进行系统整合优化，采用需求应对式设计和模块化配置的新型能源系统，是相对于集中供能的分散式供能方式。

参　考　文　献

［1］EMBER. EMBER 2023 Global Electricity Review［R］. EMBER，2024.

［2］Royal Dutch Shell. Shell LNG Outlook 2024［R］. Royal Dutch Shell Group，2024.

［3］Energy Institute (EI). Statistical Review of World Energy 2024［R］. EI，2024.

［4］中华人民共和国统计局. 中华人民共和国 2023 年国民经济和社会发展统计公报［M］，2024.

［5］中华人民共和国统计局. 中国能源统计年鉴［M］. 北京：中国统计出版社，2024.

［6］International Monetary Fund. Research Dept. World Economic Outlook［R］. International Monetary Fund，2024.

［7］中国电力企业联合会. 全国电力工业统计公报［R］. 中国电力企业联合会，2024.

［8］中国石油集团经济技术研究院. 2023 年国内外油气行业发展报告［M］. 北京：石油工业出版社，2024.

［9］中国煤炭工业协会. 2023 煤炭行业发展年度报告［R］. 中国煤炭工业协会，2024.

［10］国家能源局石油天然气司，国务院发展研究中心资源与环境政策研究所，自然资源部油气资源战略研究中心. 中国天然气发展报告（2024）［M］. 北京：石油工业出版社，2024.

［11］中国石油和化学工业联合会. 2023 年石油和化学行业经济运行报告［R］. 中国石油和化学工业联合会，2024.

［12］中能传媒能源安全新战略研究院. 中国能源大数据报告（2024）［M］. 中能传媒研究院，2024.

［13］国际能源署（IEA）. 2024 年全球氢能发展现状报告［R］. IEA，2024.